KB140210

현대문학과 미디어

현대문학과 미디어

오연옥 지음

차
례

1장

현대소설에 나타난
통신매체 인식연구

- 〈고향〉·〈전화(電話)〉에
나타난 전화매체를 중심으로 -

1
들어가기

    이 세상의 모든 것은 매체(Media)이다. 인류가 존재한 이래, 매체는 항상 존재해 왔다. 매체(Media)의 어원을 살펴보면, 라틴어 메디움(medium)은 '가운데'를, 메디우스(medins)는 '사이에 있음'을 의미한다. 이때 매체는 '미정(未定)의 상태'로 정의할 수 있다. 이후 자연철학과 고전물리학의 감각적 인지론을 중심으로, 매체는 중간 영역에 속하되 사라짐 속에 나타나고 나타남 속에 사라지는 이중의 역할을 내면화한 것으로 이해한다.

    18세기 후반, 중력과 전기와 같은 비물질적인 환경이 발견되면서 매체는 에너지와 관련된 용어로 전이된다. 즉, 물질을 움직이는 사이공간(Interspatium)이자, 종교적인 신성함과 신학적이고 주술적인 품격을 담은 탈물질적 개념을 내포하게 된다. 그리고 이러한 관점은 매체의 형이상학적 특성으로 발전하여 맥루한의 매체학의 출발점이 된다. 맥루한에게 있어 매체는 우리의 감각적 활동이나 사고를 가능하게 하는 매개역할을 하는 것을 의미한다. 따라서 이 세상 모든 것이 매체임에도 불구하고, 매체학에서는 광범위한 대상 모두를 매체로 정의하지는 않는다.

매체는 없다는 것, 적어도 실체적이고 역사적으로 불변하는 의미에서의 매체는 없다는 것이 매체론의 첫째 원리일지도 모른다. 매체는 연극이나 영극과 같은 재현 형식, 서적 인쇄나 통신 등의 기술, 문자나 그림이나 숫자 등의 상징으로 활성화될 수 있기에 매체의 목록도 다의적이다. 맥루한은 무기·옷·시계·돈·안경·집·환기장치처럼 이질적인 인공물들을 매체[1]로 정의한다. 매체를 이용하는 인간은 기술적인 매체보다 그 매체가 담아낼 수 있는 메시지에 집중[2]하므로, 의사소통에서 중요한 것은 '기술 매체' 자체가 아닌 그 속에 담겨진 '내용'[3]이다. 따라서 매체의 역할은 의사소통을 위한 단순한 매개로만 작용하는 데에 있지 않다.

조선의 근대화는 기계 테크놀로지의 유입을 배경으로 진행된다. 개항과 함께 유입된 근대 문물 중에서 매체로서 기능하는 '우편, 전화, 도로, 철도, 사진, 축음기, 활동사진, 그리고 문

---

1) 신체·목소리·문자들의 고전적인 의사소통수단, 서적 인쇄·목판화·사진·레코드판 같은 기술들, 라디오·영화·텔레비전 같은 대중매체, 그밖에 도구·연장·실험·약제·기기 등이 모두 매체이다.
   장 보드리야르는 소비재나 도로처럼 코드에 의해 지배되는 모든 체제가 매체에 해당한다. 폴 비릴리오에게는 마차·자동차·비행기를 위시한 모든 종류의 탈것들이 매체이다. 해럴드 이니스는 물질적인 의사소통 전달체를 매체로 보았다. 반면, 키틀러는 각 세대 컴퓨터의 계전기, 트랜지스터, 하드웨어 시스템 같은 기술적 장치와 그 연산자들에 매체 개념을 한정시켰다.(디터 메르쉬, 문화연구회 역, 『매체이론』, 서울:연세대학교출판부, 2009, 20-24, 11-17, 64-142면.)
   맥루한에 이르러 매체는 새로운 의미로 정의한다. 가령, 공사판의 소음은 '귀'를 통해 전달되는데, 이때 귀는 소음을 전달하는 매개역할을 할 뿐 매체는 아니다. 즉, 아무런 가공 없이 외부 자료를 수용하는 수동적 기관으로서의 '귀'는 매체로 볼 수 없다. 다시 말하자면, 매체란 우리의 감각적 활동이나 사고를 가능하게 하는 매개이다.(박영욱, 『매체, 매체예술, 그리고 철학』, 서울:향연, 2009, 20-21, 115면.)
2) 김성재, 「매체학의 확장: 철학적 성찰」, 『커뮤니케이션 이론』 1호, 한국언론학회, 2005, 63면.
3) 어빙 팽, 심길중 역, 『매스커뮤니케이션의 역사』, 서울:한울아카데미, 1997, 12면.

자'는 근대적인 기계매체[4]에 속한다. 개화기에 도입된 근대문명 중 매체로서 기능하는 근대적 전신제도에 관한 논의는 '도로, 철도, 우편 시스템, 사진, 축음기, 전기와 국가의 관계'[5]를 논하는 매체학적 연구로 팽창시킬 수 있다.

"매체는 메시지다." 즉, 매체는 사회적 의미를 갖는 내용이자, 새로운 사회 질서와 의사소통체계를 의미하는 메시지이다. 이렇게 매체를 사회와 연결하는 매개로 볼 때, 인식의 매개로서 매체가 인식 대상과 인간을 연결하는 매개임과 동시에 인간들 상호간의 의사소통을 맺어주는 매개이기도 하다. 따라서 매체의 변화란 곧 우리 인식체계의 변화를 의미[6]한다. 조선은 근대적 기계매체의 도입으로 매체 변화에 직면한다. 이는 곧 인

---

4) 마샬 맥루한, 김성기 역,『미디어의 이해』, 서울:커뮤니케이션북스, 2002, 24-26, 122-125, 238면.
   맥루언은 매체를 '문자, 책, 신문, 잡지, 영화, 전화, 음반, 라디오, 텔레비전, 컴퓨터' 기계적인 매체와 전기적인 매체로 분류한다. 즉, '우편, 도로, 철도, 사진, 축음기, 라디오, 활동사진, 전화, 그리고 문자를 중심으로 한 인쇄매체'는 근대적인 기계매체로, '텔레비전·인터넷·컴퓨터'는 전기매체로 분류한다. 그는 '기계매체'를 '외파 explosion'로 묘사한다. 외파는 외부 힘이 선형적으로 전달되는 과정을 함축한다. 반면 '전기매체'는 '내파 implosion'로 묘사한다. 이는 동시적이고, 분산적이며 비밀스러움을 함축한다. 그러나 맥루한은 자신의 분류가 선을 긋는 것처럼 완벽하고 또 완성된 작업이라는 점에 대해서 회의감을 갖는다.
   '뉴미디어'라는 용어는 맥루언을 비롯한 매체학자들이 인터넷 및 컴퓨터 통신 중심의 전기 매체를 논하는 데에 사용한다. 여기에서 논의할 대상인 '전화'는 기계매체에 포함되며, '뉴미디어'에 대한 논의를 제외하였다. 따라서 이 책에서 '매체'는 기계매체를 의미한다.

5) 이재룡,「매체를 통해 사상은 존재한다」,『越境(월경)하는 지식의 모험자들』, 한길사, 2003, 409면에서 <레지스 드브레,『매체학이란 무엇인가?』>을 재인용.

6) 마샬 맥루한, 위의 책, 24-26, 238면.
   맥루한은 전화매체를 통해 이점을 언급한 바 있다. 전화는 막을 수 없는 침입자처럼 시간과 장소에 상관없이 걸려온다. 일반 회사의 경우, 전화를 피할 수 있는 시간은 식사시간처럼 자리를 비운 때에만 가능한 것이다. 이처럼 전화는 사람들의 의사소통체계 방식을 근본적으로 바꾸어 놓는다. 이는 곧 의사체계구조가 일방전달식으로 변화함을 의미하기에 이 글은 전화를 근대적 기계매체로 분류한다.

식체계의 변화를 의미하며, 특히 전화매체는 당대 사회상이나 사람들의 욕구의 변화와 맞물려 지속적으로 발달해 왔다.

전화매체는 모티프 차원에서 문학작품에 수용되거나, 서사담론의 차원에서 그 특성이 수용[7]되어 왔다. 이때 주목해야 할 점은 서사가 매체에 의해 결정되는 것이 아니라, 매체를 수용함으로써 발전한다는 점이다. 특히 근대 이후 개항과 함께 새로운 문물이 조선에 유입됨으로써, 서사는 매체라는 새로운 소재를 통해 당대를 반영하는 역할을 하였다.

여기에서는 이기영의 <고향>・염상섭의 <전화(電話)>[8]를 중심으로 전화매체가 문학작품에 형상화 된 양상을 살펴봄으로써 문학작품에 드러난 전화매체의 인지・소통 양상에 주목한다. 이로써 문학이 당대 사회를 반영하는 수단으로서 전화매체를 어떻게 반영하고 있는지 살펴보려 한다. 매체의 유입에 따른 사회변동을 문학작품이 어떻게 반영하는가를 살피는 작업은 곧 매체가 한 사회의 인식체계에 어떤 중요한 영향을 미치는가에 대한 논의이기도 하다. 이는 또한 멀티미디어 시대인 현재 사회에 관한 논의와 무관치 않다 하겠다.

---

7) 김정남, 「소설과 미디어 환경에 관한 연구:비문자 매체(nontext-media)의 소설적 형상화와 기법적 수용의 문제」, 『현대소설연구』 제32호, 한국현대소설학회, 2006, 355-356면.

8) 염상섭, 「전화」, 『동서한국문학전집』, 서울:동서문화사, 1988.
   이기영, 「고향」, 『北韓文學全集』, 서울:서음미디어, 2005.
   본문 인용 시, 제목과 함께 쪽수만 적기로 한다.

2

매체이론의 접근을 통한 문학 연구

오늘날 매체연구는 다양한 분야에서 다양한 각도로 이루어지고 있다. 근대 개화기에 유입된 매체부터 지금에 이르기까지, 근대적 기계매체에서 전기매체로의 발달이 인간과 문학에 다양하게 영향을 미친다. '근대소설 형성과 신문매체, 소설과 매체와의 혼종성, 매체이론과의 접근을 통한 문학 연구, 대중매체와 국문학의 관계'에 이르기까지 그 논의는 풍부하게 진행되어 왔다. 그러나 논의의 핵심은 '매체 전이'와 '컴퓨터 통신문학'에 치중9)함으로써, 매체학과 문학연구에 있어 본격적인 접근을 시도하지 않고 있다는 한계를 드러낸다.

전화매체는 작품에 자주 소재화 되었음에도 불구하고, 문학

---

9) 조영복, 「1930년대 문학의 테크널러지 매체의 수용과 매체 혼종」, 『어문연구』 제142호, 한국어문교육연구회, 2009, 243면.
   최성민, 「근대 서사 텍스트의 매체와 대중성의 문제」, 『한국근대문학연구』 제13호, 한국근대문학회, 2006, 69-86면.
   장영우, 대중매체 문화와 국문학 연구, 『국어국문학』 제129호, 국어국문학회, 2001, 40, 46면.
   임형택, 「근대계몽기 단형서사의 미디어성에 대한 연구」, 성균관대대학원, 2007, 21-25면.
   맥루한의 '만물은 물론 만사까지도 미디어로 보는 시각과 방법을 통해 전환의 본질을 예리하게 분석할 수 있을 뿐만 아니라, 전환의 시각이 미시적인 지점까지 파고드는 것을 가능하게 한다. 따라서 연구자는 맥루한의 해석과 통찰을 거치면 어떤 대상에 대한 일반적 인식 및 분석과는 상당히 다른 내용이 산출될 수 있다는 점에 집중하였다.

과의 접근성에 관한 시도10)는 거의 이루어지지 않고 있다. 염상섭의 <전화>에 대한 장수익의 논의는 전화의 목적전도 현상에 집중함으로써 매체학과 전화매체의 접근을 배제한 채 논의되었다. 이와 달리, 이승원은 전화 매매 가격의 폭등으로 인해 전화의 가치를 통신 연락이 아닌 교환으로 인식한 점에 집중함으로써 전화의 매체성에 비중을 두긴 하였으나, 작가가 이기심의 문제를 근대 자본주의의 제도적 기반인 돈의 문제로 전환하는 것11)으로 결론짓는다. 그의 연구는 전화가 갖는 기능이 새로운 의사소통의 확장에 대한 기여가 아니라, 자본주의 물신숭배가 낳은 병폐이자 매음을 알선하는 매파의 도구로 전락12)하였다는 것이다. 이 연구에서 '전화 기능의 전도(顚倒)현상'을 지적한 점은 간과할 수 없는 점이다. 그러나 '전화의 필요성을 부정하는 주인공'에게 함의된 '정치적 무의식'을 읽어내지 못한 점은 이 연구의 한계라 하겠다.

매체학의 개념은 국내의 매체 연구핵심에서도 확인할 수 있다. 언론학에서 출발한 그들 연구핵심은 수용자의 매체수용13)

---

10) 김만수, 「미디어의 보급에 대한 문학의 대응 : 신문에서 인터넷까지」, 『한국현대문학연구』 제32집, 한국현대문학회, 2010, 541-568면.
   신문과 저널리즘이 보편화되고, 우편제도, 전보, 전화, 인터넷을 사용하는 우리에게 필요한 것은 매체에 대한 충분한 자기 성찰의 기회라고 생각한다. 문학작품과 영화가 제공하는 매체를 통해 형성되는 새로운 사회와 인간관계를 살펴봄으로써, 매체와 우리 삶에 대한 좋은 성찰의 기회를 얻고자 한 바 있다.

11) 장수익, 「이기심과 교환 관계 그리고 이념」, 『한국언어문학』 64호, 한국언어문학회, 2008, 311- 312면.

12) 이승원, 「'소리'의 메타포와 근대의 일상성」, 『한국근대문학연구』 통권 제9호, 한국근대문학회, 2004, 221-222면.

13) 매스미디어 효과와 관련된 주요 이론 중 '이용과 충족이론'은 수용자의 매스미디어 이용과 관련하여 다음과 같이 세 가지로 설명할 수 있다.

에 집중한다. 매체수용자는 매체에 담긴 인간의 창조물을 자신의 취향과 능력에 따라 자유롭고 직감적으로 이해하는 현상[14]을 보인 바 있다. 매체수용자의 이러한 양상은 매체를 단순한 정보전달의 수단을 넘어서 인간의 인식패턴과 의식소통의 구조, 나아가 사회구조 전반의 성격을 결정짓는 것으로 보는 맥루한의 주장과 같은 궤에 놓여 있다. 여기서 더 나아가, 맥루한은 '매체의 효과'를 메시지의 구성이나 제시 방식이 아닌, 매체 자체에서 찾아야 한다고 보았으며, 매체의 효과에 관심을 갖는다는 것은 매체가 야기하는 전체적인 생활세계(life-world)에 주목하는 것[15]으로 본다.

첫째, 수용자는 능동적이고 목표 지향적이다. 둘째, 매스커뮤니케이션 과정에서 일어나는 욕구충족의 동기들과 미디어 선택은 수용자에 의해서 결정된다. 끝으로 수용자는 자신의 욕구 충족을 위해 미디어 이외에도 여러 충족수단을 이용하고 있다.
'이용과 충족이론'에 대해 바우어는 '개인의 사회적, 심리적 욕구가 미디어 행위를 동기화하고, 미디어로부터 충족에 대한 기대를 이끄는 것'으로 본다.
(권혁남, 「매스미디어의 기능과 효과」, 강준만 외, 『대중매체와 사회』, 서울:세계사, 1998, 30-31면.)

14) 김성재 외, 『매체미학』, 파주:나남출판, 1998, 6면.
언론학계는 매체학을 언론학의 한 분야로 보고, 새로운 매체의 기술적・사회적 영향을 추적하고 예측하였다.

15) 이는 마셜 맥루한이 생태학이라는 메타포에 집중한 것으로, '매체생태학'이라는 학문으로 연구되고 있다. '매체생태학'이란 생태학적 관점에서 볼 때 생태계를 구성하고 있는 각 요소는 어떤 본질적 성격이라고 할 수 있는 속성을 갖고 있는 것이 아니라 관계적으로 결정되는 것에 주목한 이론이다. 특히 매체생태학은 기본적으로 매체환경을 인간 유기체의 확장으로 보기 때문에 인간이 일방적으로 매체 환경의 지배를 받는 것이 아니라 거꾸로 환경을 적합하게 변경시킬 수도 있다고 가정한다. (오창호, 「맥루한과 포스트만 : 생태주의 매체철학」, 『한국언론학보』 제52권, 한국언론학회, 2008, 199-225면.)

3

규율 훈련용 미디어의 즉각적 호출

조선은 강화도 조약에 따라 개항을 하면서 서양의 근대문물
을 받아들인다. 특히, 근대적 기계매체가 도입됨으로써 조선
최초의 근대우편제도가 설립되고, 전선이 조선의 구석구석으로
뻗어가며 뒤처진 근대의 길을 좇아간다. 그러나 근대적 기계매
체의 도입은 근대화를 앞당긴 데에 반해, 조선을 더 빠르게 근
대적 식민지로 몰아가[16]는 역할을 하였다. 청과 일본이 각각
조선의 통신망을 장악하기 위해 농민을 착취하고 나무를 남
벌[17]함으로써 민심은 더욱 악화되었다. 이리하여 전신에 대한
백성들의 부정적 인식은 전신시설 파괴에까지 이른다. 전신에

---

16) 김인숙, 「무너져가는 나라가 기댈 것은 미래뿐...... 고종, 학교설립 흔쾌히 허락: 광혜
원·배재학당 설립...... 민간의 근대화 움직임」, 조선일보, 2004년 4월 9일, A26면.
조선 최초의 근대우편제도가 설립되고, 병기제조장인 기기창이 세워지고, 전선이 조선
의 구석구석으로 뻗어가며 뒤처진 근대의 길을 빠르게 좇아간다. 하지만 국제우편을 가
능하게 함으로써 세계화를 앞당길 수도 있었던 해저전선과, 서로 북로 전선은 일본과
청나라의 보다 본격적인 침탈의 도구가 되었다. 문명은 근대화를 앞당겼지만, 무너져가
는 나라 조선을 더 빠르게 근대적 식민지로 몰아가기도 했다. 난세란 그런 것이었다.

17) 강준만, 『전화의 역사: 전화로 읽는 한국 문화사』, 인물과사상사, 2009, 41면.
톈진조약으로 인해 조선에 군사를 두지 못하게 되자, 청은 '서로전선(西路電線)'을 가설
함으로써 조선에 신속하게 군사를 파견할 수 있는 통신망을 구축하려 하였다. 이는 일
본의 경우도 마찬가지였으며, 이들 양국 사이에 위치한 조선 백성의 고통은 극심하였다.

대한 부정적 인식과 그에 따른 파괴 행위는 후일 의병활동에까지 이어지며, 훗날 통신시설을 파괴하는 것이 의병투쟁의 주요 목표가 된다.[18] 당시 통신시설은 한국의 국권을 위협하는 외세 침탈의 상징이자 실질적인 도구로 간주되었기 때문이다.

'전기'가 도입됨으로써 실효성을 갖게 된 매체인 전화 역시, 일제의 식민통치를 위한 것이었다. 그러나 식민지 조선에서 전화는 일제의 식민통치를 정당화하고 미화하는 '근대화의 상징'이 되었고, 조선 사회 내의 자신의 위치를 과시하고자 하는 목적도 갖고 있었다.

고종황제 침소와 정부 각 부처를 연결하는 전화가 설치된 1897년 이후로, 전화의 보급화가 이루어져 1910년에는 무인부스에 동전을 넣어 사용하는 자동전화, 즉 사실상의 공중전화가 공원과 같은 요처에 등장[19]하였다.

"마침 경부선이 개통한 직후로, 사람들은 생전 처음 보는 기차와 정거장과 전봇대를 보고 경이의 눈을 크게 떴"(<고향>, 95면)던 1887년 4월, 경복궁의 건청궁에 처음으로 전기가 들어왔다. 수많은 대신들이 모여 천지개벽의 순간들을 숨죽여 기다리고 있었다. 곧, 향원정 연못의 한가운데에서 물 끓는 소리가 들리기 시작하더니 천지를 진동하는 우렛소리 같은 게 울리고, 믿을 수 없

---

18) '채백, 「통신매체의 도입과 한국 근대의 사회변화」, 박정규 외, 『한국근대사회의 변화와 언론』, 한국정신문화연구원, 1995, 178-179면'을 '강준만, 위의 책, 48면'에서 재인용함.

19) 강준만, 위의 책, 65-69면.
이는 전화가 소통의 수단을 넘어선 다른 목적으로 사용될 동기가 되기도 하였다. 따라서 전화를 이용한 범죄가 사기사건에서 살인사건에 이르기까지 다양하게 발생하였다.

게도 깊은 봄밤이 눈부신 대낮으로 밝았다. 입을 벌린 채 허공을 바라보는 대신들의 모습 위로 더 이상은 어둠 속에 몸을 감출 수가 없게 된 봄꽃들이 축제의 한순간처럼 꽃잎을 흔드는 장면 묘사는 경복궁에 처음으로 전기가 들어온 순간을 자칫 낭만적 분위기를 연상케 하나, 최첨단의 전등이 밝혀졌어도 난세는 여전히 그늘 속에 있었으며, 그러한 사회의 청년들은 시대를 비껴 걷는 방법을 알지 못한다. 그들은 시대의 정중앙을 걷는다. 벼랑에 서 있는 나라의 모든 것이 그들의 어깨에 옮겨져 있었으나, 난세의 무게보다 더욱 무거운 것은 그들이 담당해야 할 미래의 무게였다. 이러한 현실을 직시하는 지식 청년의 고뇌가 깊은 만큼, 백성들 역시 새로운 문명에 그저 놀랄 뿐 신문물을 사용할 의지를 갖지 못한 채 그저 두려워하고 있었다.[20] 그러나 조선의 모든 사람들이 신문물에 대한 소극적인 입장을 가진 것은 아니다. <고향>의 희준은 변화를 향한 열린 마음을 가진 자로, 안승학은 사회를 움직이는 도구를 가진 자로 형상화 되었다.

희준은 고향에 '전등과 전화'가 가설된 것을 보며 반가움을 느낀다.
희준이는 동경에서 나온 지가 얼마 되지 않았다. 오 년 동안에 고향은 놀랄 만큼 변하였다. 정거장 뒤로는 읍내로 연하여서 큰 시가를 이루었다. 전등, 전화가 가설되었다.

---

20) 김인숙, 위의 글, A26면.

C사철(私鐵)은 원터 앞들을 가로뚫고 나갔다. 전선이 거미 줄처럼 서로 얽히고 그 좌우로는 기와집이 즐비하게 늘어섰다.(<고향>, 23면)

과거 자신의 집터가 신작로로 들어간 것을 보았을 때, "마치 길을 잃은 나그네와 같이 한동안 우두커니 서서 자기 집의 옛 터를 바라다보"(25면)긴 했으나, 희준에게 "그 동안의 변천은 어쩐지 형용하지 못할 그런 쾌감"(27면)을 느끼게 하였다. 그 는 마을 사람들이 "아들 공부를 잘못 시켰"(26면)다며 수군거 리는 것에도 관여치 않았다. 근대 학생 청년들이 자신을 이해 하지 못하는 부모와 동족 지주, 동족인 모던 보이와 모던 걸을 혐오 혹은 투쟁의 대상으로 삼은 데에 반해, 희준은 자신의 고 향에 펼쳐진 근대 문명의 전개에 우선 감탄하기 바쁜 까닭에 그들의 비난은 안중에도 없었던 것이다. 즉, 희준은 변화를 향 한 열린 마음을 가진 '최소한 특정한 사회계층'21) 중 한 명이라 할 수 있다.

희준은 당대 지식인으로, 도시 문명보다는 주로 농촌(고향) 에 관심을 가지고 농촌의 풍경과 아름다움, 고향의 정서 그리 고 농촌봉사활동에 대해 관심을 갖고 있었다. 희준과 마찬가지

---

21) 어빙 팽, 앞의 책, 12면.
　사회변화와 미디어 발달의 상호관계는 역사의 기록이 시작될 때부터 계속되었다. 그러 나 커뮤니케이션 도구의 발명 그 자체가 사회를 변화시킨 것은 아니다. 사회적 혁명은 거친 토양, 변화를 향한 열린 마음, 최소한 특정한 사회계층을 바탕으로 성장한 것이다.

로, 새로운 교육을 제공받은 학생들은 농촌의 정서적인 측면보다는 경제적인 문제에 더욱 관심을 가지고 있었다. 문명에 대해 관심을 보이긴 했지만 소개하는 정도에 그쳤으며, 도시문명에 대해서는 비판적인 태도마저 보이고 있다. 이는 경성이 준비되지 않은 상태에서 급하게 서구 문명을 수용함으로써 신·구 문화의 절충(折衝)지가 되어, 현대와 과거의 역사, 동양과 서양의 문화가 집합·충돌하고 있는 격전지로 보였기 때문이다. 희준의 고향에도 사람들의 의식이 개화되지 않은 상태에서 기차와 전봇대, 우편소와 같은 근대 문물이 수용되었으며, 여기에는 새로운 세계에 대응력을 구비하지 못한 인물들과 친일 혹은 친제국주의로 발 빠르게 움직22)인 안승학과 같은 인물이 공존하게 된다.

<고향>에는 커뮤니케이션 매체로 도입된 우편소에 대한 반응이 잘 드러나 있다.

우편소가 새로 생긴 것을 보고 이웃사람들은 그게 무엇인지 몰라서 겁을 잔뜩 집어먹고 있었다. 짐승같이 늘어선 전봇대에는 노상 잉-하는 소리가 들리었다. 그것은 전신줄을 감은 사기 안에다 귀신을 잡아 넣어서 그런 소리가 무시로 난다는 것이다. 그리고 우편소 안에는 무슨 이상한 기계를 해 앉히고 거기서는 무시로 괴상한 소리가 들리었다. 그래서

---

22) 정경은, 「근대 학생들의 문명인식 고찰」, 『한국학연구』 제35집, 고려대학교 한국학연구소, 2010, 386면.

이웃 사람들은 그것도 무슨 귀신을 잡아 넣어서 그런 소리가
들리는 것이라고 하였다.   (<고향>, 95면)

안승학은 커뮤니케이션 도구들이 메시지의 운송을 대신함에
따라 정보전달을 위해 사람들이 직접 이동할 필요성이 줄어듦
을 알고 있다. 새로운 커뮤니케이션 언어가 생겨날 때마다, 그
들만이 알고 있는 지식에서 비롯되는 이익을 충분히 자각하고
있는 새로운 전문가 집단이 등장했다. 커뮤니케이션 도구는 각
사회를 움직이는 사람들의 손에 있었으며23), 안승학은 그러한
인물유형에 해당한다.

그럴 때 안승학은 마술사처럼 이 귀신을 부리는 재주를
그들 앞에서 시험해 보았다.
그는 엽서 한 장을 사서 자기 집 통수와 자기 이름을 쓰고
편지 사연을 써서 우편통 안으로 집어넣었다. 그리고 그들에
게 장담하기를 이것이 오늘 해전 안에 우리집으로 들어갈 터
이니 가보자는 것이었다. 과연 그날 저녁때였다. 지옥사자
같은 누렁옷을 입은 사람은 안승학의 집에 엽서 한 장을 던
지고 갔다. 그것은 아까 써넣던 그 엽서였다.(<고향>, 95면)

"누렁옷을 입은 사람"이 "지옥사자"로 비춰졌다는 점은 개화

---

23) 어빙 팽, 앞의 책, 14면.

되지 않은 상태에서 근대문물을 접하게 된 마을사람들로서 겪게 되는 자연스러운 심리 반응일 것이다. 그들은 두려운 마음과 함께 안승학이 "목판차를 맨 처음으로 먼저 타고 서울을 가 보았"(95면)다는 사실에 감탄한다. 그는 "남 먼저 개화"(96면)한 사람으로, 이태 만에 새로 설립된 사립학교를 졸업하고 바로 군청으로 들어가는 "출세에 대한 첫걸음"(96면)은 개화와 무관치 않다. 마을 사람들 역시 그를 "이 고을에서 우편으로 보내는 편지를 제일 먼저 써본 이 중에 한 사람이었던 위대한 선각자"(96면)로 평가한다. 그러나 안승학에게 우편 통신매체는 "귀신을 부리는 재주"를 마을사람들에게 보여주기 위한 보이기 위한 수단에 불과하다. "해전 안에" 도착하는 우편매체는 즉각적 호출을 가능하게 할 수 없다. 안승학에게 중요한 통신매체는 전화이다. 근대적 기계매체인 전화는 이 시기에 있어 '호출'의 기능을 담당하였다. 안승학이 그의 목적을 이루기 위해 요구한 것은 전화매체임은 주목할 만한 점이라 하겠다.

그는 우선 면서기를 다니는 자기 동생을 오라 해서 전후 사연을 자세히 설파한 후 그것은 오로지 희준이의 사촉이라는 것을 넌지시 말하고 앞으로 그들의 행동을 감시하도록 당부하였다. (중략) 그래서 만일 어떤 불온한 공기가 보인다면 그는 즉시로 전횟줄을 매고 있는 읍내 사는 동생에게 기별하여서 그들의 계획을 미연에 부수뜨리자는 심산이었다.(<고향>, 502면)

안승학은 "작인들이 직접 지주와 담판하러 비밀히 상경한 것"(501면)에 대한 앙갚음을 하기로 결심한다. 그는 전화를 이용하여 동생을 '호출'한다. 여기서 특이한 점은 전화를 통한 동생과의 소통, 즉 "전후사연을 자세히 설파"하는 과정은 전화 통화를 통해서도 수행 가능한 것임에도 불구하고, 전화통화가 아닌 동생을 불러내어 '직접 대면'함으로써 그간 상황을 전달한다는 것이다. 이는 승학이 호출의 역할을 수행하는 도구로 전화를 인식하고 있기 때문이다. 통신매체에 해당하는 전화의 사용가능은 '즉각적 호출'의 가능성을 의미한다. 그러나 안승학에게서 전화는 순수한 '호출'의 기능이 아닌, 출세의 욕망을 실현시키려는 정치성을 내재한 채 그 역할이 수행된다. 편지나 전신과 같은 '순수한 시각적 방법은 너무 속도가 느려 적절하지도 않고 효과적이지도 못하'[24]다. 그러나 전화는 즉각적 호출이 가능하다.

메이지 국가 시대, 경찰 전화 시스템의 신속한 발달은 전화라는 미디어를 국가가 국민의 신체를 감시하고 관리하기 위한 규율 훈련용 미디어로 파악하고 있었음을 보여준다. 실제로 1880년대에는 경차로가 감옥, 광산이나 들판의 죄수 작업장을 연결하는 전화선을 여러 개 가설했는데, '죄수 호송이라든가 도주한 죄수의 신속한 수배'가 목적[25]이었다. 즉, 전화가 가진

---

24) 마샬 맥루한 · 쾽땡 피오르, 김진홍 역, 『미디어는 맛사지다』, 서울:커뮤니케이스북스, 2001, 63면.

25) 요시미 슌야, 송태욱 역, 『소리의 자본주의: 전화, 라디오, 축음기의 사회사』, 서울:이매진, 2005, 141, 193-197면.

'호출'의 기능은 '규율 훈련용 미디어'라는 정치적 의도로 활용되었다. 이는 안승학의 전신매체에 대한 목적의식과 유사하다.

안승학이 '전신매체'인 전화를 이용하여 얻고자 한 '호출'의 목적은 제국주의가 '전신매체'인 조선 통신망을 확보하기 위해 '서로전선을 가설'한 목적과 서로 대응한다. 양자는 근대 문물인 '전신매체'를 이용함으로써, 소작인들에 대한 앙갚음을 하려는 개인의 목적과 조선에 군대를 신속히 보내려는 제국주의의 목적을 성취하려는 것이다. 그 당시, 조선인들은 새로운 기술과 문물 도입에 대한 저항이 강했다. 이는 조선인의 보수성이나 배타성이 아닌, '우편은 일제의 것'이라는 강한 의식[26]때문이었다. 따라서 전신매체는 수용자의 정치적 입장과 무관치 않다. 안승학을 윤리적 차원에서 비열한 인물로 논의하는 것[27]은

1871년 히로시마 현 산요도선 측량 때의 폭동이나 1873년 후쿠시마 현에서 일어난 전신국이나 전봇대, 전선을 훼손한 폭동, 1876년 미에 현 내 농민의 전신국 습격사건 등이 발생한다. 이 사건들은 근대과학의 신기함에 놀란, 미신을 믿는 사람들이 할 수 있는 행동은 아니었다.
일본에서 전화는 오락 미디어의 특성 이전에, 어디까지나 국가가 국민을 관리하는 데 필요한 군사·경찰 같은 기술이었다. 초기 공중전화 사업 역시 경찰의 전화망이 체신성에서 공중전화 사업을 시작하기 이전부터 정비되고 있었다. 메이지 시대에 철도 전화나 관청 전화 또는 광산 전화 시스템도 급속하게 발달해, 이 시대 전화라는 정보기술은 커뮤니케이션을 위한 수단 이상으로 국가적인 산업정책이나 국민을 관리하기 위한 장치로 작용했다.
사람들은 명민하게 철도나 전신 등 새롭게 들어온 테크놀러지의 정치적 함의를 읽어냈고 그런 기술에 매개된 국가의 전략에, 자신들이 집합적 기억 속에서 배양해온 구전의 상상력이나 게릴라전 같은 폭력으로 대항하려고 했다.

26) 강준만, 앞의 책, 50면.

27) 김윤식, 「우리 근대 문학 연구의 한 방향성 -근대와 그 초극에 관련하여」, 『모더니티란 무엇인가』, 서울:민음사, 1994, 244-245면.
"남보다 먼저 개화"함으로써 출세의 길을 걷게 된 안승학이 부(富)를 축적해가는 과정에서 드러나는 비윤리적인 면과 근대문명의 선봉자인 만큼 근대문명의 즉각적 활용능력에 대한 상관관계의 오해는 부당한 면이 없지 않다. 철도 제도, 우편 제도, 행정 제도, 학교 제도, 군사 제도 등이 전면적으로 수용되는 장면이 벌어졌을 때, 이를 재빨리 알아차리고 이에 민첩히 적응한 안승학을 윤리적 차원에서 비열한 인물이라 평하는

근대문물의 적극적 수용 자체에 있다기보다는, 그 문물의 사용 의도에 있다.

과학기술은 어디까지나 중립적이다. 그러나 <고향>에 대한 논의를 통해 전화가 중립적인 테크놀러지에 기초한 중성의 문화로 존재하는 것이 아니라[28] 일종의 복합적인 정치성을 내재하고 있음을 확인하였다. 전달자가 수신자에게 공급하는 메시지 상품은 사용자의 참여를 배제시키고 획일적인 수용양식을 결정짓는 완벽한 것이다. 따라서 부르주아적 매스 커뮤니케이션이 사용하는 언어를 본질적으로 억압적인 것이라고 할 수 있다. 수신자를 지배를 위한 생산물(subjugating product)의 내부에 가두어둠으로써 구속하는 것이 곧 언어이다. 그러나 이러한 지배 작용의 결과는 역설적이게도 자기 자신을 점차 노예화시키게 되며, 전달자의 자유도 역시 억압 받게[29] 된다. 따라서 안승학은 통신 매체를 비롯한 새로운 근대 문물의 적극적 수용을 통해 자신의 출세를 보장 받으려 하지만, 오히려 조선의 백성을 억압함으로써 일제에 봉사하는 제국주의의 노예로 위치하게 된다.

것은 부당하다. 자연의 계량화와 그것의 정밀화를 추구하는 근대적 이념성이란 윤리가 아닌 과학과 결부된 것이기 때문이다. 이러한 안승학을 추악한 인물로 형상화한 것은 이기영이 근대적 이념성을 추악한 것으로 인식했음을 반영한 것으로 볼 수 있다.

28) 요시미 슌야, 앞의 책, 207면.
29) 아몬드 마텔라르트, 「커뮤니케이션과 이데올로기」, 이상희 편, 『커뮤니케이션과 이데올로기-비판이론적 시각』, 파주:한길사, 1988, 262-263면.

    <고향>에서 전화가 개인의 정치적 욕망을 실현하기 위한 '호출'의 도구로 수용된 것과 달리, <전화>는 '호출'의 기능을 거부함과 함께 전신 매체에 함축된 제국주의의 '무작위식의 근대화 정책'을 직시한다. 근대 문물에 대한 직시는 곧 전화라는 전신 매체를 거부함으로써 일제 식민정책에 대한 무의식적 저항으로 이어진다.

4
당첨식 근대화 정책과 정치적 무의식

　1920년대 전화가 보급되던 초기, 기계매체의 새로운 출현은
계급을 계층화시키는 데에 기여한다. 커뮤니케이션 도구가 처
음 생겨났을 때는 극히 제한된 사람들만이 그것을 소유할 수
있었다. 새로운 기술들은 기존의 기술보다 특정한 분야에서 사
용상 우월성이 인정될 때 받아들여지지만, 보급의 문제는 사회
적 바탕을 필요로 한다. 회사와 개인은 전화가 우편과 전보에
의한 통신보다 더 매력적이기 때문에 선택30)하였으나, 전화 가
입비는 엄청나게 비쌌기 때문에 이용자 수는 절대적으로 한정
되어 있었다. 사실상 전화를 구비할 수 있는 층은 사업가들이
나 일부 중상류 계급의 가정에 국한되었다. 지배 계급에게 전
화는 계급적 구별 짓기의 수단이었기 때문에, 전화에 접근할
수 있는 권리를 둘러싼 사회집단들의 세력 갈등 또한 드러났
다.31) 조선의 경우, 경성 전화가입구역을 중심으로 확산된 전

---

30) 어빙 팽, 앞의 책, 17-18면.
31) 이상길, 「전화의 활용과 근대성의 경험 :벤야민의 텍스트 <전화>를 중심으로」, 『언론
　　과사회』 제10권 제2호, 사단법인 언론과사회, 2002, 120면.

화미디어는 상업 지구·행정 지구 중심으로 배치되었다. 많은 일본인이 거주하고 있는 지역과 군사지구인 용산의 전화가입자수가 70% 이상을 차지[32]하는 것을 통해, 지역적으로나 민족적으로 매우 편향된 구조를 가지고 있었음을 알 수 있다. 따라서 조선인에게 있어서 전화는 '추첨'에라도 걸려야 가정에 설치할 수 있는 희귀한 것이었다.

> 그것도 누가 전화를 매구 싶어 맺나! 추첨에 빠졌으니까 울며 겨자먹기 한 노릇이지.　　　　(<전화>, 170면)

이주사는 추첨에 당첨됨으로써 전화를 설치할 수 있는 자격은 갖추었으나, 전화 설치비 300원을 갖고 있지 않다. 그러나 그는 전화 설치를 포기하지 않는다. "전화를 매느라고 전당을 잡히고 동서대취를 하고 하여 가설료 삼백 원을 간신히 치"(165면)루면서 까지 집에 전화를 설치한다. '아씨' 역시 자신의 옷가지 등을 전당 잡히면서도 그의 결정에 동조한다. 이들의 무리한 실행은 전화를 통신매체 이상의 것으로 인식했기 때문에 가능하였다. 즉, 근대 조선인들은 개항이후 도입된 서구 문명과 문물을 초기에는 호기심어린 시선이자, 새로운 호흡[33]으로 생각했다.

---

32) 윤상길, 「일제시대 京城 전화 네트워크의 공간적 배치」, 『서울학연구』 제34호, 서울시립대학교 서울학연구소, 2009, 168면.
33) 정경은, 앞의 글, 34면.

따르릉 소리가 유난히 쨍쨍히 나더니 주인아씨의 겁을 집어먹은 듯한 허청 나오는 목소리가 들리다가, 저편이 누구인지 말씨가 곱지 않아지며 탁 끊는다.   (<전화>, 162면)

아씨는 신문명에 해당하는 '전화'에 대해 호기심을 가지고 있다. 그래서 기생 채홍이 남편을 찾는 전화를 걸었음에도 "받고 싶던 전화를 받은 것이 난생처음 해보는 전화처럼 신기한지 생긋하는 웃음이 상큼한 콧마루 위로 지나"(163면)치는 자신의 표정을 숨기지 못한다. "한마디 톡 쏘고 나서 어색한 빛을 감추랴, 성을 내어보이랴, 단순한 그러나 여러 갈피의 감정이 얼굴에"(162면) 여실히 드러나는 것이다.

아씨는 '전화를 받아보고 싶다는 설렘'이 곧 남편의 외도를 부추기는 결과로 귀결되는 자기 모순적 상황 속에서, 전화를 근대적 기계매체로서의 특성과는 무관한 덩이쇠로 평가한다. 아 씨의 이러한 심리는 '이용과 충족이론'34)으로 설명할 수 있다. 이는 매스미디어 효과와 관련된 주요 이론들 중 하나로, 개인의 사회적·심리적 욕구가 매체 행위를 동기화하고, 매체로부터 충족

---

34) 강준만 외, 『대중매체와 사회』, 서울:세계사, 1998, 30-31면.
   매스미디어 효과와 관련된 주요 이론으로 '탄환이론·제한효과이론·이용과 충족이론·의제설정효과·계발효과이론·미디어의존이론·침묵의 나선이론·지식격차가설·제3자효과'가 있다. 이들 중, 이 책에서는 '이용과 충족이론'을 중심으로 논의한다. '이용과 충족이론'은 수용자의 매스미디어 이용과 관계있는 것으로, 매스커뮤니케이션 과정에서 일어나는 욕구충족의 동기들과 미디어 선택은 능동적이고 목표 지향적인 수용자에 의해서 결정된다고 보는 논의이다. 그리고 수용자는 자신의 욕구 충족을 위해 미디어 이외에도 여러 충족수단을 이용한다.

에 대한 기대를 이끌어내며, 매스커뮤니케이션 과정에서 일어난다. 그리고 욕구충족의 동기들과 매체 선택은 능동적이고 목표 지향적인 수용자에 의해서 결정된다는 이론이다. 아씨가 전화라는 매체를 통해 얻고자 기대한 '사회적·심리적 욕구'는 신기함과 설렘의 충족이지만, 남편을 찾는 기생의 전화만을 받음으로써 그 욕구의 충족은 좌절된다. 따라서 그녀는 자신의 욕구 충족을 위해 전화매체 이외에 여러 충족수단을 모색하게 되고, 급기야는 "그 빌어먹을 전화, 내 있다가 떼어버려야지!"(163면)라는 말과 함께 전화사용의 필요성을 전면 부정하기에 이른다.

명령과 주문, 그리고 '호출'은 전화와 가장 자연스럽게 연결할 수 있는 커뮤니케이션 행위이다. 전화는 은행가나 사업가의 업무용 도구로 자리 잡았으며, 계약을 빨리 처리하거나 사무실에서 공장으로 명령을 쉽게 하달[35]하는 것을 가능하게 하였다. 이렇듯 기술은 눈에 띄게 변하였음에도 불구하고, 사람들의 취향과 관심은 변하지 않았다. 마치 오래된 포도주를 새 병에 붓는 것[36]에 불과한 것이다. 그러나 아씨는 전화가 '호출'의 역할이 아닌 외도의 수단으로 악용되고 있는 점에 집착한다. 근대 문명의 상징인 '전화'를 집에 설치해 두었다는 자부심은 이내 소리 요란한 "백동(白銅) 빛 쇠종 두 개"(164면)가 전부인 대상으로 인식한다. 이는 "기생년하구 새벽부터 시시덕거리"(163

---

35) 이상길, 앞의 글, 124-125면.
36) 어빙 팽, 앞의 글, 15면.

면)게 하려고 전화를 설치한 것이 아니라며, "전화가 시앗이나 되는듯시피 전화 타령으로 불쾌한 입씨름"(170면)을 하는 아씨의 행동에 여실히 드러난다.

소통을 위한 매체로서의 전화가 아닌, 남편과 기생의 매음에 기여하는 전화는 가장의 편의에 기여하는 도구이자 한 가정 위에 군림하는 존재이다. 아씨가 전화를 걸고자 한다면 상대편 역시 전화가 설치되어 있어야 한다. 전화 설치 여부를 확인할 길이 없는 아씨는 전화 받기를 고대하는 수동적 커뮤니케이션 수용자로 존재하게 된다. 이러한 일방적인 소통 방식은 전화를 설치할 권리를 추첨식으로 배정받기를 고대하는 상황과 다를 바 없다. 이때 전화는 식민지국가 위에 군림하는 식민지배자의 모습과 흡사하다. 소통의 매체인 전화는 추첨식으로 당첨되는 정책에 의해 근대문명을 일방적으로 배정받는 방식으로 설치하게 된다. 그러나 근대문물에 대한 설렘은 곧 근대문물에 대한 부정으로 전환된다. 이렇듯 아씨기 전화의 필요성을 전적으로 부정하는 것은 곧 일제 통신 매체에 대한 저항의 한 일면임을 간과해서는 안 될 것이다.

(…… 그놈의 전화나 팔아버릴까? ……)

하는 생각을 하다가 코웃음을 쳤다. 매던맡에 며칠이 못 가서 떼어내기가 동리에 창피하고 섭섭도 한 일이요, 또 일 년인가 얼마 기한이 지나야 팔 수 있는 것이다.(<전화>, 166면)

이주사도 집에 전화가 필요한 것은 아니었다. 1920년대, 대부분 전화는 사업상 용도로 설치하였다. 전화를 가정에 설치하는 경우도 있었으나, 이때 전화의 일부 가입자들은 전화를 하층민들과는 공유할 수 없는 지위의 상징으로 간주[37]하여 부의 상징으로 전화를 설치한 경우에 해당하였다.

그러나 전화는 일반적으로 회사에서 보다 신속한 업무를 수행하기 위해 사용하였다. 초기에 전화 사업을 시작한 사람들은 사업이 성공할 수 있는 가장 큰 열쇠가 전화의 사회적 용도를 명확히 하고 이것을 널리 확신시키는 데 있다고 생각했다. 전화가 있으면 긴급한 업무 연락을 바로 할 수 있고 고객을 얻는 데 좋은 수단이 될 수도 있는 것이다.[38] 따라서 회사에 설치한 전화의 주요 기능은 사업용에 해당한다. 그러나 '호출'을 위한 사적(私的)인 용도로 사용하기도 하였다. 이주사는 "×회사 이층에서 하물계 주임"(164면)이다. 그러나 회사에 걸려오는 전화 중 사적인 것이 없지는 않다.

> 「……글쎄 알았어. …… 응, 응, 아무쪼록 곧 가 뵙죠……」
> 반말이 다시 공대로 변하더니,
> 「네, 네, 기다려주세요.」
> 하고 뚝 끊는다.　　　　　　　　　　　　　　　(<전화>, 164면)

---

37) 어빙 팽, 앞의 책, 111면.
　　일부 전화 가입자들은 일반대중이 이용할 수 있는 전화번호나 동전투입식 공중전화 같은 장치를 만들어 벨시스템이 널리 접근가능하게 되는 것에 반대하였다.
38) 요시미 슌야, 앞의 책, 141면.

전화는 어떤 시간, 어떤 장소에도 상관없이 걸리어 오므로 시각적 프라이버시, 즉 문자문화인이 찬양하는 고도로 개인적인 형태이자, 혼자서만 어떤 것을 보는 것과는 거리가 있다.[39] 따라서 동일한 공간 속(사무실)에 있던 김주임은 채홍에게서 온 전화임을 알아차린다. 이후로 "회사에 들어가 앉아서 채홍이가 전화나 걸어오지 않을까 하고 은근히 기다"(170면)리는 이주사의 모습을 은근히 놀려주는 것이다. 전화가 귀하던 시기였기에, 회사 근무 시간일지라도 개인적 용무의 전화를 기다리는 일이 그리 큰 흠이 되지 않았다.

이렇듯 사업장에 보급된 전화는 회사의 이윤 창출과 호출이라는 두 가지 기능을 수행하였다. 그러나 집에 설치한 전화로 인해 이주사가 "전화 덕 보았다고 생각하는 것"(167면)은 "빠져나갈 길이 막연하던 판에"(167면) 구실을 마련해 준 것이 전부이다. 아씨도 역시 "참 원수의 전화를 달더니 밥상 받고 있는 이까지 불러내가"(167면)는 데에 "화가 치밀어"(168면) 오른 상태이다.

가진 푸념의 화풀이가 결국에는 또다시 애꿎은 전화통으로 갔다. 그도 그럴 것이 주인아씨의 옷가지 금붙이를, 때때로 무엇에 놀란 듯이 때르릉 때르릉 하며 어제 온종일 사람의 부아를 돋아놓고 밤중까지 잠도 못 자게 한 저 전화통이

---

39) 마샬 맥루한, 앞의 책, 386면.

란 괴물이 집어삼켰으니 이 아씨가 아니기로 잠자코 있을 리
가 없다. (중략) 갈보년의 전화 시중이나 들구. …… 이 집에
전화 교환수루 들어왔읍디까?   (<전화>, 169면)

서양의 경우, 교환수는 '목소리'의 규격화를 통해 고객을 응
대하는 과정에서 교환수들의 인격적 요소는 되도록 배제됐고,
교환수들은 일정한 톤의 목소리로 회선을 연결하는 교환 기계
의 부품 같은 존재[40]였다. 조선의 경우도 '전화교환양'에 대한
입장은 긍정적이지 않았다. 전화교환양들은 '할로 걸'로 불렸
다. 1910년 말부터 등장한 할로 걸은 잠깐이라도 실수를 하면
손님의 야비한 욕설과 감독의 꾸지람을 들었다. 이들 40명 중
11명은 보통학교를 졸업한 조선 여성이었다. 그들은 15세에서
18세 사이의 소녀였으며 근무여건은 매우 열악했다. 이유 없이
전화를 걸어 이야기나 하자는 등 '수작'을 거는 남성들로부터

---

40) 요시미 슌야, 앞의 책, 161-177면.

벨 전화회사는 남성 교환수를 채용하였으나, '본성상' 교환수 자질이 부족하다고 생각
하였다. 원래는 전신이 본업인 젊은 남자들은 전화교환을 일시적인 일자리로밖에 생각
하지 않았기 때문에, 기업이 요구하는 규율을 순순히 따르려 하지 않았다. 그러나 여
성에게 있어 전화 교환수 직업은 다르게 해석되었다. 여성이 지적 능력을 발휘할 수
있는 직업이라면 학교 교사 정도밖에 없던 시대에, 전화 산업은 여성들에게 열려진 그
리 많지 않은 첨단 직장 중 하나였다. 따라서 여성들은 전화 교환수를 결코 일시적인
일자리로 생각하지 않았다. 여성들이 이렇듯 뉴미디어 매체와 관련된 직종에 종사한다
는 자부심과는 달리, 19세기 후반 부르주아 사회가 교환수로 여성을 선택한 이유는 여
성을 순종적이고 수동적이며 인내력이 강한 분별 있는 존재로 보았던 데에 있다. 이유
가 어디에 있든, 여성 교환수들은 교환 업무를 통해 지역의 네트워커 지위를 얻었다.
당시 발전하고 있던 초기의 테크놀러지 단계에서는 교환수들이 직접 고장 난 부분을
고치거나 기계 상태를 정비할 필요가 있었다. 여성 노동자 관리 시스템 역시 발달하지
못한 단계에서, 여성 교환수들은 시스템의 터진 곳을 감싸며 자기의 이익과 산업의 논
리를 절충해갈 수 있었다.

민망한 소리를 던지기도 하였다. 이들의 고달픈 업무는 종종 신문의 화제가 되곤 했다. 일본어에 익숙하지 못한 조선인들에게 일본어를 써야만 했던 전화는 소통을 위한 미디어라기보다는 식민지배자의 모습[41]을 보였다.

아씨는 "지금 안 계슈"(162면)라는 '거짓말'을 해서라도 남편을 찾는 기생의 전화를 바꿔주지 않는다. 게다가 또다시 남편을 찾는 여자가 "안 계시다 하여도 부득부득 대어달라고 하는 것이 성이 가시기에 한바탕 몰아세우고 딱 끊어버린"(167면)다. 아씨는 자신이 받아들이고 싶지 않은 상황을 거부하는 데에 한 치의 망설임도 없다.

그런데 남편의 동료 회사인 김주사의 전화를 바꿔줌으로써 남편이 요릿집에 나갈 구실을 제공하게 되자, 전화가 남편의 외도 수단이 되고 있다고 생각한다. 그보다 기생의 전화를 중간에서 가로막아 차단하는 자신의 모습에서, 마치 전화교환수들이 전화를 건 손님을 다른 손님의 전화로 연결하는 모습과 대응된다는 사실을 깨달음으로써 분노한다.

아씨는 교환수 역할을 더 이상 하지 않으리라 결심하고 "난 갈 테요!"(169면)라는 "최후의 무기인 간다는 소리"(169면)까지 단호히 한다. 이주사는 아씨의 강경한 태도에 전화를 팔기로 결심한다. 자본주의 사회에서 창조적 활동은 상품, 즉 시장에서 교환 가능한 재화의 생산이라는 형태를 취하게 된다. 상품

---

41) 윤상길, 「통신의 사회문화사」, 유선영 외, 『한국의 미디어 사회문화사』, 한국언론재단, 2007, 146-147면.

들의 이와 같은 교환 가능성은 모든 생산물과 모든 활동이 보
편적으로 공유하는 특성42)을 갖는다.

> 「아, 참, 팔기라두 해버려야 하겠어. 사실 쓸데없는 것을
> 매달아놓고 통화료를 물어가며 성화를 받을 묘리야 있나.」
> 「오백 원? 좀 더 내진 못하겠나?」
> 「그런 게 아니라 집의 아버지께서 점방에 전화를 매시구 싶어
> 하시기에 말씀을 했더니 오 백 원이면 좋겠다구 하시는구면.」
> 「자네 댁에서 쓰신다면 아무려나 하게. 하지만 조금만 더 묵
> 히면, 칠팔백 원은 넉넉히 받는 것인데……」 (<전화>, 171면)

위 글에서 언급된 바와 같이, 전화시세는 계속 뛰어 3000원
에 육박했다. 이에 일제는 1940년 7월 17일부터 전시 하 각종
산업기관의 활발한 활동으로 전화의 투기적 매매가 성행하여
전화의 적정한 분포가 방해될 뿐만 아니라 이에 따르는 여러
가지 부정행위가 많아지는 경향이 있다는 이유로 전화 가입자
의 임의 명의변경과 임대를 금지시켰다.43) 그러나 아씨는 전화
를 보유함으로써 발생할 손익 관계에 대한 이해가 끝난 상태이
다. 더욱이 일제 식민정책이 금지한 사항을 굳이 지켜낼 생각
도 않는다. 오히려 김주사가 가로챈 200원을 그의 아버지에게
서 받아내는 데에 성공한다.

---

42) 아몬드 마텔라트, 앞의 글, 261면.
43) 강준만, 앞의 책, 103면.

앞서 확인했듯이, 소통을 위한 중간자로 위치한 전화교환양
은 일본어에 익숙하지 못함에도 불구하고 일본어를 써야 했으
며, 이때 전화는 소통을 위한 미디어라기보다는 조선 소녀들을
억압하는 식민지배자의 모습[44]에 다를 바 없다. 따라서 교환수
노릇을 그만 두겠다는 아씨의 선언은 일제 통신정책에 대한 무
의식적 저항을 의미한다.

혁명과정에 있어서의 임무는 전달자와 수신자 사이의 상호
교환적(two-way) 커뮤니케이션 유통체제[45]를 확립함으로써, 한
계급이 다른 계급을 식민화시키기 위하여 고안된 이 메커니즘
을 탈신화화 하는 것[46]이어야 한다. 경성 전화네트워크의 공간
적 배치, 즉 전화매체에 대한 물리적 접근성이 민족적으로 불
평등하게 주어진 구조적 조건 속에서 추첨식으로 전화 보급을
유도한 정치적 의도를 생각해 볼 필요가 있다. 시내통화의 주
된 방식은 시간적·금전적 제약으로 인해 가입자 상호간의 통
화일 수밖에 없었으며, 일제 시기 전화미디어가 사실상 일본인
들의 전유물이었음을 말해준다. 따라서 전화를 설치하고도 "그

---

44) 윤상길, 「통신의 사회문화사」, 유선영 외, 『한국의 미디어 사회문화사』, 한국언론재단,
2007, 146-147면.

45) 커뮤니케이션 기술의 발전에 근거하여 그 유형을 분류할 수 있다.
커뮤니케이션의 방향성에 의한 분류로, 송신자로부터 수신자에게 배타적으로 정보가
유통될 경우 일방향(one-way) 커뮤니케이션이 일어난다고 보는 데에 반해, 참여 당사
자들 서로가 적극적인 역할을 담당하면 양방향(two-way) 커뮤니케이션이 일어난다. 대
인 커뮤니케이션의 경우 참여자들이 즉각적으로 반응하고 관여하기 때문에 전형적으
로 양방향의 성격을 띤다. 상호작용성(interactivity)의 정도에 의해서 분류하는 것으로,
송신자가 수신자로부터 실시간(real-time) 피드백을 받고 이를 지속적으로 수정하는 상
황을 언급하는 것이다.
(한균태·반현·홍원식 외, 『현대사회와 미디어』, 서울:커뮤니케이션북스, 2006, 9-10면)

46) 아몬드 마텔라르트, 앞의 글, 261면.

렇게 기다리던 전화"(162면)를 한 통도 받지 못하고 전화 오기
만을 기다린 것은 소설의 허구적 사건만은 아니었을 것이다.

조선인 중 전화 가입자가 아닌 경우 주로 우편국소를 이용하
였으며, 우편국소에서 취급한 시외전화 통화에서 상대방이 전
화 가입자가 아니기 때문에 우편국소에서 호출한 회수는 통화
8.4에 대해 1회의 호출을 행한 비율[47]로 밝혀진 바 있다. 즉
일제는 필요한 곳에 전화를 설치할 의지를 갖지 않은 채, 추첨
이라는 우연적 결과를 통해 전화를 보급하려는 무작위식의 근
대화 정책을 지지했다. 이에 아씨는 "저까진 나무통하구 쇠방
울 두 개"(169면)의 가치가 300원에 미치지 못함을 직시한다.
추첨에 걸리지만 않았다면, 가설비 마련을 위해 "전당 변리"를
소비할 필요도 없는 것이다. 전화 보급이라는 명분 아래, 가계
부채를 유도하는 전화 가설비는 경제적 부담과 불화를 초래한
다. 아씨가 전화를 없애기를 주장하는 것은 전화로 인한 이득
보다는 감수해야 할 손실이 더 많기 때문이다.
한 계급이 다른 계급을 식민화시키기 위하여 고안된 이 메커
니즘을 탈신화화 하는 방법은 새로운 통신 테크놀로지를 거부
하는 것이다. 따라서 아씨의 전화에 대한 현실적 인식은 전화
라는 통신매체를 부정과 동시에 일제 식민정책에 대한 무의식
적 저항으로 이어진다.

---

47) 윤상길, 앞의 글, 159, 161-162면.

5

결론

식민지 조선의 근대적 경험이란 곧 새로운 매체에 대한 경험이기도 하다. 우리는 매스 커뮤니케이션을 첨단기술과 분리하여 생각할 수 없다. 기술적 힘을 소유하는 자들은 또한 메시지를 전달할 수 있는 능력을 가진 자들이다.[48]식민 제국주의라는 역사적 특수 상황 속에서 도입된 근대적 기계매체는 우리 문학에 자연스럽게 형상화되었을 뿐만 아니라, 권위주의적 커뮤니케이션에 지배당한 주인공 역시 등장한다.

이 글은 이러한 소설 중 192·30년대 작품인 염상섭의 <전화(電話)>와 이기영의<고향>을 대상으로 논의를 전개하였다. 이들 두 근대문학은 '우편제도와 전화'라는 새로운 매체의 출현이 일본 제국주의라는 시대적 상황과 결부되어 있는 양상을 잘 드러내고 있기 때문이다.

---

48) 아몬드 마텔라트, 앞의 글, 261면.

지금까지<전화(電話)>와 <고향>에 대한 논의는 각각 '전화의
필요성을 부정하는 주인공'에게 함의된 정치적 무의식을 읽어내
지 못하였으며, '우편 시스템'에 대한 조선인의 대응 양상 속에
함의된 정치성에 대한 논의를 전개하지 못한 한계를 갖고 있다.
따라서 이 글은 <고향>에 나타난 안승학을 통해 '전화매체 수용
에 따른 목적의식'이 희준을 비롯한 소작인에 대한 앙갚음을 위
한 데에 있으며, 이는 곧 제국주의의 식민지 정책과 다를 바 없
음을 확인하였다. 그러나 근대문물의 '수용'을 통한 친일의 행적
이 전부는 아니다. <전화>의 '아씨' 역시 전화 가설을 위해 전당
변리까지 소비하였으나, 곧 추첨을 통한 전화 가설이 일제의 편
리를 위한 '무작위식 근대화 정책'에 해당함을 직시한다. 그녀는
전화교환수 노릇을 거절함과 동시에 전화의 존재성을 부정함으
로써 일제 통신정책에 대한 저항을 전개한다.

　　근대적 기계매체의 도입은 단순한 새로운 기술의 출현만을
의미하는 것이 아니다. 전화매체에 대한 수용 또는 거부는 집
단의 정치적 무의식성을 내포하고 있다.

　　다매체 시대를 살아가는 오늘날, 매체수용에 따른 정치성은
더욱 다층적 구조를 형성하고 있다. 따라서 근대 전신매체가 도
입된 당시의 사회 현상이 문학에 형상화된 양상을 살피는 것은
오늘날과 같은 다매체 시대에 각 매체에 함의된 정치성을 탐색
하는 근거를 마련하는 것이라 하겠다.

참고문헌

1. 기본자료

염상섭, 「전화」, 『동서한국문학전집』, 서울:동서문화사, 1988.
이기영, 「고향」, 『北韓文學全集』, 서울:서음미디어, 2005.
박태원, 「소설가 구보씨의 일일」, 『소설가 구보씨의 일일』, 서울:문학과
　　　지성사, 2005.

2. 국내 논저 및 저서

강봉균 편, 『월경하는 지식의 모험자들』, 파주:한길사, 2003.
강준만, 『전화의 역사: 전화로 읽는 한국 문화사』, 서울:인물과사상사, 2009.
강준만 외, 『대중매체와 사회』, 서울:세계사, 1998.
김만수, 「미디어의 보급에 대한 문학의 대응 : 신문에서 인터넷까지」, 『한
　　　국현대문학연구』 제32집, 한국현대문학연구, 2010, 541-568면.
김윤식, 「우리 근대 문학 연구의 한 방향성 -근대와 그 초극에 관련하여」,
　　　『모더니티란 무엇인가』, 서울:민음사, 1994, 244-245면.
김성재 외, 『매체미학』, 파주:나남출판, 1998.
김성재, 「매체학의 확장: 철학적 성찰」, 『커뮤니케이션이론』 1호, 한국
　　　언론학회, 2005.
김인숙, 「무너져가는 나라가 기댈 것은 미래뿐…… 고종, 학교설립 흔
　　　쾌히 허락: 광혜원・배재학당 설립…… 민간의 근대화 움직임」,
　　　조선일보, 2004년 4월 9일, A26면.
김정남, 「소설과 미디어 환경에 관한 연구:비문자 매체(nontext-media)의
　　　소설적 형상화와 기법적 수용의 문제」, 『현대소설연구』 제32호,
　　　한국현대소설학회, 2006.
권혁남, 「매스미디어의 기능과 효과」, 강준만 외, 『대중매체와 사회』,

서울:세계사, 1998.

박영욱, 『매체, 매체예술, 그리고 철학』, 서울:향연, 2009.

이병주, 「활자 이미지화로 본 해체주의 타이포그래피에 대한 매체미학 관점의 해석」, 홍익대학교대학원, 2007, 159-167면.

이상길, 「전화의 활용과 근대성의 경험:벤야민의 텍스트 <전화>를 중심으로」, 『언론과사회』 제10권 제2호, 2002, 111-143면.

이승원, 「'소리'의 메타포와 근대의 일상성」, 『한국근대문학연구』 제9호, 성곡언론문화재단, 2004, 197-228면.

이상경, 「식민지 자본주의의 총체적 반영」, 『北韓文學全集』, 서울:서음미디어, 2005.

이정옥, 『1930년대 한국 대중소설의 이해』, 국학자료원, 2000.

이재룡, 「매체를 통해 사상은 존재한다」, 『越境(월경)하는 지식의 모험자들』, 파주:한길사, 2003.

임형택, 「근대계몽기 단형서사의 미디어성에 대한 연구」, 성균관대대학원, 2007, 1-185면.

오창호, 「맥루한과 포스트만 : 생태주의 매체철학」, 『한국언론학보』 제52권, 한국언록학회, 2008, 199-225면.

윤상길, 「일제시대 京城 전화 네트워크의 공간적 배치」, 『서울학연구』 제34호, 서울시립대학교 서울학연구소, 2009, 123-174면.

_____, 「통신의 사회문화사」, 유선영 외, 『한국의 미디어 사회문화사』, 한국언론재단, 2007.

장수익, 「이기심과 교환 관계 그리고 이념」, 『한국언어문학』 제64호, 한국언어문학회, 2008, 303-331면.

장영우, 『국어국문학』 제129호, 국어국문학회, 2001, 39-55면.

정경은, 「근대 학생들의 문명인식 고찰」, 『한국학연구』 제35집, 고려대 한국학연구소, 2010, 361-389면.

조영복, 「1930년대 문학의 테크널러지 매체의 수용과 매체 혼종」, 『어문연구』 제142호, 한국어문교육연구회, 2009, 243-268면.

조주연, 『매체 발달과 인문학의 현대화』, 경제·인문사회연구회, 2008.

한균태·반현·홍원식 외, 『현대사회와 미디어』, 서울: 커뮤니케이션북스, 2006.

최성민, 「근대 서사 텍스트의 매체와 대중성의 문제」, 『한국근대문학연구』 제13호, 한국근대문학회, 2006, 65-91면.

3. 국외 논저 및 저서

아몬드 마텔라트, 「커뮤니케이션과 이데올로기」, 이상희 편, 『커뮤니케이션과 이데올로기-비판이론적 시각』, 파주:한길사, 1988, 261-263면.

어빙 팽, 심길중 역, 『매스커뮤니케이션의 역사』, 서울:한울아카데미, 1997.

디터 메르쉬, 문화학연구회 역, 『매체이론』, 서울:연세대학교출판부, 2009.

레이먼드 윌리엄스, 김성기 역, 『키워드』, 민음사, 2010.

마샬 맥루한, 김성기 역, 『미디어의 이해』, 서울:커뮤니케이션북스, 2002.

마샬 맥루한·쨍땡 피오르, 김진홍 역, 『미디어는 맛사지다』, 서울:커뮤니케이스북스, 2001.

요시미 슌야, 송태욱 역, 『소리의 자본주의: 전화, 라디오, 축음기의 사회사』, 서울:이매진, 2005.

월터 J. 옹, 이기우·이명진 역, 『구술문화와 문자문화』, 서울:문예출판사, 2003.

근대소설에 나타난 과학과 교통기술의 매체성 연구

1

들머리

맥루언은 기차의 등장이 인간의 삶에 미치는 영향에 대해 논의한 바 있다. 그에 의하면, 기차는 바퀴 또는 선로를 이용한 단순한 수송책이 아니다. 기차로 인해 새로운 종류의 도시가 발생하고, 새로운 일과 레저가 생성됨으로써 인간 기능의 촉진 및 규모 확대[1]가 가능하게 된 것이다. 매체를 사회와 연결하는 매개로 볼 때, 매체는 대상과 인간을 연결함과 동시에 인간 상호간의 의사소통을 연결한다. 매체와 인간 삶의 관계에 대한 맥루언의 입장은 매체변화로 인한 사회구조 변화를 역사시대 구분의 전환[2]으로 설명할 수 있는 근거가 된다. 따라서 기차라는 매체가 역사구분에 있어서 전환의 한 축에 해당한다고 보는 것은 결코 과언이 아니다. 기차의 등장은 곧 새로운 매체의 등장을 의미하며, 이로써 우리 인식체계의 변화는 촉진된다. 따라서 이 책에서는 교통수단에 내포된 '매체성'을 '인간의 삶과 의식형성

---

1) 마샬 맥루언, 김성기 역, 『미디어의 이해』, 서울: 커뮤니케이션북스, 2002, pp.24-26, 238.

2) 장영우, 「대중매체 문화와 국문학 연구」, 『국어국문학』제129권, 국어국문학회, 2001, p.40.

에 절대적인 힘을 작용하는 특성'으로 정의한다.

　교통매체는 과학기술을 전제한 기계매체이다. 이 글은 이를 맥루언의 이론에 힘입어 '근대적 기계매체'로 정의한다. 근대화는 기계 테크놀로지의 유입을 배경으로 진행되었기 때문이다. 이때 기계매체는 선형성과 반복성을 가진다. '선형성'은 기계가 올바르게 작동하기 위해서 완벽한 체계를 갖추는 것을 전제한다. '반복성'은 기계가 반복성을 통하여 항구적인 불변성과 예측 가능성을 갖는 것을 의미3)한다. 근대 도시의 발명품인 시계, 전화, 기차, 전신 등의 근대적 기계매체는 일상의 리듬과 순환을 무시한 채 직선적이고 일방적인 전진을 추구하는 시간과 속도의 정치학을 내포4)한다.

　기차와 자동차라는 교통수단을 통해 진행된 급격한 사회변화에 대한 논의는 지금까지 활발히 이루어져 왔다. 일제의 식민지 수탈 기획이 동일성을 유지한 채 반복되었으며, 이 반복의 궤도가 획일적으로 근대적 기계매체를 동반하고 있음에 주목한다면 조선의 근대화가 매체를 통해 진행되었다는 조심스러운 단정도 가능하다. 특히 철도가 신소설에 어떠한 양상으로 재현되고 있는지를 살핀 연구는 주목할 만하다. ≪혈의누≫와

---

3) 박영욱, 『매체, 매체예술, 그리고 철학』, 서울: 향연, 2009, pp.20-21.
　　김성민·박영욱, 「기계와 이미지 - 하이테크놀로지에 대한 매체 인식론적 고찰」, 『시대와 철학』 제16권 4호, 한국철학사상연구회, 2005, pp.105-131.
4) 이승원, 「'소리'의 메타포와 근대의 일상성」, 『한국근대문학연구』 제5권, 한국근대문학회, 2004, p.203.

<귀의성>이 철도-우편-전신의 통합적 네트워크에 주목한 소설임에 착안한 바, 해외 유학과 축첩제도의 비극이라는 이해의 한계에서 벗어나, 새로운 철도 매체로 인한 세계 공간의 새로운 인식을 읽어낸 바 있다.[5]

그럼에도 불구하고, 새로운 매체의 유입으로 인한 대중의 의식구조 형성과 변화 양상을 당대 소설과의 상관관계 속에서 논의한 연구는 활발히 진행되지 않았다. 철도는 침략정책의 일환으로써 일제에 의해 건설[6]된 것이며, 그 결과 조선은 일제에 의해 재편성된 식민 공간[7]을 형성하였음은 상식에 해당한다. 기차를 통한 지구적 차원의 교통 네트워크 형성[8]은 여행의 근대

---

5) 김동식, 앞의 글, pp.82-124.

6) 기차를 중심으로 한 문학작품에 대한 연구는 활발히 진행되지 못했으며, 대부분 일제의 기획된 침략 정책의 일환이었음에 집중하고 있다. 식민지시기 문학과 기차에 대한 연구는 다음과 같다.
   김아연, 「<대한매일신보> 철도가사와 철도의 표상: 식민지 근대의 표상으로서 철도에 대한 매혹과 부정 의 관점에서」, 『인문과학』제55집, 성균관대학교 인문과학연구소, 2014, pp.127-158.
   김주리, 「연애와 건축」, 『한민족문화연구』제37집, 한민족문화학회, 2011, pp.147-176.
   조성면, 「철도와 문학: 경인선 철도를 통해서 본 한국의 근대문학」, 『인천학연구』제4호, 인천대학교인천 학연구원, 2005, pp.367-392.

7) 조선의 근대화는 일제의 필요에 의해 급격하게 진행되었다. 특히 경성역은 조선 및 대륙 침략 발판 마련의 일환으로 건설되었다. ≪광분≫에 형상화 된 경성역은 장소 고유의 정체성이 박탈되고 식민자의 편의를 위해 근대적으로 재편된 장소로 본다.
   유승미, 「한국문학과 서울의 토포필리아」, 『한국문예비평연구』 제41권, 한국현대문예비평학회, 2013, pp.67-94.
   김동식, 「신소설과 철도의 표상」, 『민족문학사연구』49권, 민족문학사학회, 2012, pp.88-89, 91.
   김영근, 「일제하 일상생활의 변화와 그 성격에 관한 연구」, 연세대 대학원 박사논문, 1999, pp.1-218.

8) 박경수, 「근대 철도를 통해 본 '식민지 조선' 만들기」, 『일본어문학』53권, 한국일본어문학회, 2012, pp.253~271.
   박만규, 「한말 일제의 철도 부설, 지배와 한국인동향」, 『한국사론』8권, 서울대학교, 1982, pp.247-300.
   이경철, 「일제 강점기 철도건축에 관한 연구」, 『한국철도학회 학술발표대회논문집』, 한국철도학회, 2004, pp.83-87.

적 경험을 촉진⁹⁾시켰으나, 기차 내의 공간 분할은 자본의 원리를 내재하고 있으며, 열차 시간은 근대적 시스템의 작동을 위한 기제에 해당하는 것이다. 이는 지금까지 근대기술과 철도의 문학적 반영에 대한 연구핵심이 일제수탈기획에 편향된 채 진행되었음을 보여주는 것이기도 하다. 따라서 지금까지 연구는 식민지라는 역사적 특수성에 중점을 둔 채 당대에 기차가 등장함으로써 겪은 매체적 파장을 간과하고 있음을 알 수 있다.

이 글은 근대과학의 유입과 기차의 대중적 획일성·자동차의 개인적 차별성에 집중한다. 특히 자동차는 '탈 것'으로서, 사람을 이동시켜 온 인력거의 경제적 가치를 절하시킨다. 교통수단이 근대 과학기술의 산물인 만큼 당대 대중의 과학에 대한 인식 양상을 확인하는 것은 교통수단에 대한 대중의 이중적 인식구조를 논의함에 있어 반드시 전제되어야 할 부분이다.

교통수단에 있어 기차와 자동차는 당대 일상의 삶과 밀접히 맞물려 있기에, 연구대상의 다양성 확보에 주력함으로써 다양한 반응양상을 확인할 수 있다. 이 글은 개화문명의 물결 속에서 유입된 '과학기술', 그리고 기술의 산물로서 근대적 기계매체에 해당하는 '교통수단'에 해당하는 기차와 자동차를 소재로 한 소설을 중심으로 논의를 전개할 것이다. 과학기술에 대한 논의는 이상춘의 <기로>, 이광수의 ≪무정≫·≪개척자≫, 장

---

9) 조성운, 「1930년대 식민지 조선의 근대 관광」, 『한국독립운동사연구』제6권, 독립기념관 한국독립운동사연구소, 2010, pp.369-405.

춘의 <백치, 천치?>를 대상으로 하며, 교통수단에 대한 논의는
이상의 <날개>, 염상섭의 《만세전》, 이광수의 《흙》, 김남
천의 <길 위에서>, 염상섭의 <똥파리와 그의 안해>, 유광렬의
<어느 직공의 死>, 채만식의 <화물자동차>, 주요섭의 <인력거
꾼>10)을 대상으로 한다.

  이 글은 이들 작품을 대상으로 근대 과학기술의 산물인 기차
와 자동차가 갖는 매체적 특성이 작중인물을 통해 드러난 양상
에 집중한다. 개항과 함께 유입된 기계매체는 '근대'라는 개념
을 수반한다. 근대로의 이행기에 매체와 그 시대를 살아가는
대중에 대한 연구는 매체이론을 통한 문학연구이다. 근대소설
을 통해 작중인물이 매체를 인지·소통하는 양상에 주목하는
것은 매체의 유입에 따른 사회상을 해명하는 데에 도움이 된
다. 따라서 이 글의 연구 목적은 근대소설에 나타난 '과학기술'

---

10) 이 글은 연구대상 중 논의에 있어 높은 비중의 작품을 기본 자료로 제시한다. 그리고
   과학기술과 교통수단에 대한 연구를 위해 부수적으로 언급되는 작품의 출처는 주석
   처리를 하도록 한다. 이 책에서 기본 자료로써 논의할 대상은 다음과 같으며, 본문 인
   용 시 제목과 인용 쪽수만 표시하기로 한다.
   염상섭, <똥파리와 그의 안해>, 권영민 외편, 《염상섭전집 9》, 서울: 민음사, 1987.
   염상섭, 《만세전》, 서울: 태극출판사, 1978.
   이 상, <날개>, 김주현 역, 《이상문학전집 2》, 서울: 소명, 2009.
   이광수, 《개척자》, 《이광수전집 1》, 서울: 삼중당, 1963.
   ____, 《무정》, 서울: 어문각, 1973.
   ____, 《흙》, 서울: 어문각, 1973.
   이상춘, <기로>, 양건식·현상윤 외, 《슬픈모순》, 파주: 범우, 2004.
   유광렬, <어느 직공의 死>, 안승현 엮, 《일제강점기 한국노동소설전집 1》, 서울: 보
   고사, 1995.
   장 춘, <천재? 백치?>, 『창조』 제1권 제2호, 東京: 창조사, 1919.
   주요섭, <인력거꾼>(『개벽』, 1925.4), 안승현 엮, 《일제강점기 한국노동소설전집 1》,
   서울: 보고사, 1995.
   채만식, <화물자동차>(『혜성』, 1931.11), 《채만식전집 7》, 서울: 창작과비평사, 1989.

에 대한작중인물의 반응양상과 교통수단인 기차·자동차에 대한 작중인물의 인식 및 사회구조의 변화양상을 살핌으로써 과학기술과 교통수단의 매체적 특성을 확인함과 동시에 그 의의를 밝히는 데에 있다.

2
과학기술과 문명의 위력

1) 근대화를 위한 과학과 조선의 현실

　매체는 사회적 의미를 갖는 내용이자, 새로운 사회 질서와
의사소통체계를 의미하는 메시지이다. 따라서, 새로운 매체의
유입은 대중이 살아가는 방식의 변화를 의미한다. 조선의 근대
화는 서양 문물에 대한 '경이(驚異)'를 수반한 채 진행된다. 대
중에게 과학기술이란 계몽의지와 서양문물에 대한 열망을 수
반한 놀라움이자, 동시에 공포의 대상이었다. 이는 곧 과학기
술에 대한 욕망과 거부의 이중성[11]으로 이어진다. 대중은 과학
에 대한 복합적 인식을 명확히 정리하지 못한 채, 근대성을 함
의한 기계매체의 실체와 마주하게 된다. 이와 함께, 여러 인쇄
매체가 전달하는 서구 과학 문물에 대한 정보는 <기로>의 문

---

11) 1910년대의 과학기술에 대한 입장은 이중적이다. 과학기술을 새로운 지식과 문물의
　총아로 보고 그 습득을 촉구하는 과학 지상주의적 관점과 광기와 죽음의 근거로 보는
　관점이 있다. 과학을 모티브로 형상화 한 작품에 대한 연구는 다음과 같다.
　백지혜, 「1910년대 이광수 소설에 나타난 '과학'의 의미」, 『한국현대문학연구』 제14집,
　한국현대문 학회, 2003, p.158.
　김종욱, 「이광수의 <개척자> 연구-과학적 세계관의 영향을 중심으로」, 『국어국문학』
　제132호, 국어국문학회, 2012, p.288.

치명과 ≪무정≫의 이형식과 같은 모델 생성에 기여한다.

> 치명의 부친과 백부는 아랫목에 나란히 앉아있다. 치명은
> 학교에서 공부하던 말을 가장 자미있게 이야기한다. 여러 사
> 람의 시선은 모두 다 치명의 입으로 향하였다. 응용화학에서
> 염료 만드는 법을 공부하얏다 하는 말을 전제 삼아 검정 물
> 감은 어떠어떠하게 만들고 꼭두선이는 어떠어떠하게 만든다
> 하는 말을 이상한 약 이름(듣는 사람은 알지도 못하는)으로
> 길게 설명한다. 그리하고 구주전쟁으로 인하야 염료가 대단
> 히 비싸졌으니 이 틈을 타서 공장을 설립하여 염료를 제조하
> 면 큰 이익을 볼 것이요 그리하면 자기의 집 재산이 일이 년
> 내에 회복되겠다는 말까지 하였다. 치명의 모친은 "그렇게
> 되면 작히나 좋겠니" 말하였다.   (<기로>, p.280)

김치명은 형 치선이 소비한 재산을 되찾아 집안을 예전과 같
이 일으킬 수 있는 방책으로 '염료' 생산에 대한 경제적 가치를
제시한다. 그러나 치명은 공장 설립 및 경영을 실현할 능력이
없다. 고학(苦學)으로 학교를 마친 치명에게 자금이 있을 리 없
고, 치선의 재산탕진은 가족의 경제적 무능력을 의미한다. 응
용화학에서 배운 염료 제조법 역시 치명만이 갖춘 지식기반이
아닌지라, 부의 획득이 가능함을 알게 된다면 누구든 참여할
만한 사업 대상이 된다. 그럼에도 불구하고, 염료 제조법이 집
안을 일으킬 해결책이 될 수 있다는 치명의 말은 가족들로부터

온전한 희망으로 인식된다.

　성재는 빨리 탁자 앞으로 걸어 가서 그 시험관을 쳐들어
서 서너 번 쩔레쩔레 흔들어 보더니 무슨 생각이 나는지 의
자에 펄썩 주저앉으며 주정등 뚜껑을 열고 바쁘게 성냥을 그
어서 불을 켜 놓은 뒤에, 그 시험관을 반쯤 기울여 그 불에
대고 연해 빙빙 돌린다. 한참 있더니 그 황갈색 액체가 펄럭
펄럭 끓어 오르며 관구로 무슨 괴악한 냄새 나는 와사가 피
어오른다. 성재는 고개를 반만치 기울이고 한참 비등한 액체
만 주시할 때에, 그 눈은 마치 유리로 하여 박은듯이 깜박도
아니한다. 그러나, 그 악취가 실내에 가득 차게 되매, 제 아
무리 성재라도 가끔 손수건을 코에 대기도 하고 소매로 눈을
씻기도 한다. (중략) 그 황갈색 액체는 아까보다 조금 담하게
되었으나, 여전히 황갈색대로 부글부글 끓으며 잠시 쉬었던
악취를 발한다. 일심으로 시험관을 보고 앉았는 곁에서는 그
팔각종이 똑딱 똑딱 가면서 주인의 실험하고 앉았는 양을 물
끄러미 내려다본다.　　　　　　　　　　　　(≪개척자≫, p.322)

동경 고등공업학교를 마치고 집으로 돌아온 성재는 화학실
험을 성공시켜 백색 침전을 특허 내고 공장을 세움으로써 실험
을 위해 소비한 재산을 환원시켜야 할 의무감을 갖고 있다. 그
러나 그에게 남겨진 것은 "괴악한 냄새가 나는 와사"에 불과하
다. 성재는 자신의 실험이 무엇이며, 실험 결과 발생하는 냄새

의 정체가 무엇인가에 대한 인식 없이 재차 악취와 싸우며 시간을 소모하고 있다. 팔각종의 멈춤은 실험의 무가치함과 비생산성을 깨닫게 한다. 그러나 성재는 <기로>의 치명과 마찬가지로 화학실험을 통한 낙관적 결과를 믿는다.

≪무정≫의 형식은 조선을 위한 선각자로 자처한다. 그리고 그 기저에는 '과학'에 대한 열망이 작용한다.

저들에게 힘을 주어야 하겠다. 지식을 주어야 하겠다. 그리하여서 생활의 근거를 완전하게 하여 주어야 하겠다.
「과학(科學)! 과학!」하고, 형식은 여관에 돌아와 앉아서 혼자 부르짖었다. 세 처녀는 형식을 본다.
「조선 사람에게 무엇보다 먼저 과학을 주어야 하겠어요. 지식을 주어야 하겠어요.」하고 주먹을 불끈 쥐며 자리에서 일어나 방 안으로 거닌다.　　　　　　　　　(≪무정≫, p.222)

형식은 과학을 통해 "무슨 지혜가 있을 것 같지 아니한 모두다 미련해 보이고 무감각해"(p.221) 보이는 수재민에게 힘과 문명을 줄 수 있음을 역설한다. 그리고 그 해결책으로 과학을 제시한다. 과학이란 곧 지식을 의미한다고 굳게 믿는 형식과 세 처녀는 조선을 구할 지식인 과학을 배우기 위해 유학길에 오른다. 그러나 형식을 제외한 세 처녀들이 배우고자하는 부문은 예술에 해당한다. 형식 역시 생물학을 배우겠다고는 하나, 생물학에 대한 정확한 정의를 내리지 못한다. 이러한 형식을 통해 "소동파(蘇東坡)의 세상을 근심하는 싯귀"와 "대성학교장의 연설"을 떠올리며 "이러한 큰 문제를 논란하는 형식과 병욱은 매우 큰 사람같이"(p.222) 보는 영채를 통해서 당대 과학이란 것이 명분으로서 호명될 뿐임을 알 수 있다.

> 「물론 문명이 없는 데 있겠지요— 생활하여 갈 힘이 없는 데 있겠지요」
> 「그러면 어떻게 해야 저들을……저들이 아니라 우리들이 외다……저들을 구제할까요?」(중략) 영채와 선형은 이 문답의 뜻을 자세히는 모른다. 물론 자기네가 아는 줄 믿지마는 형식이와 병욱이가 아느니 만큼 절실하게 단단하게, 알지는 못한다. 그러나 방금 눈에 보는 사실이 그네에게 산 교육을 주었다. (≪무정≫, p.222)

조선의 문제를 해결하기 위해 과학을 제시할 수 있는 자는 '저들'이 아니라 '우리들'이라는 표현은 지식인 스스로 가진 특권의식에서 비롯된 것이다. 이에 대해 대중은 선각자에 대한 존경심을 드러내기도 한다. 형식과 병욱이 문명이 없어 생활할 힘이 없는 '저들'을 '우리들'이란 범주에 내포시키려는 표현을 하고 있음에도 불구하고, 실상 형식과 병욱은 '저들'과 '우리들'의 경계를 명확히 구분하고 있다.

> 「그것을 누가 하나요?」하였다.

「우리가 하지요!」 (≪무정≫, p.223)

형식을 비롯한 세 처녀는 조선 사람에게 과학을 준다는 것을 곧 지식을 주는 것으로 이해하고 있다. 이때 '과학=지식'이라는 등식은 수재민을 '저들'의 범주에 한정시키는 근거로 작용한다. '저들'은 구제받아야 할 무지한 사람들이요, '우리'는 저들을 구제해야 할 선각자이자 지식인이라는 논리가 성립하는 것이다. 그러나 형식을 진정한 지식인으로 속단하기는 힘들다.

「나는 교육가가 되렵니다. 그리고 전문으로는 생물학(生物學)을 연구할랍니다.」
그러나 듣는 사람 중에는 생물학의 뜻을 아는 자가 없었다. 이렇게 말하는 형식도 물론 생물학이란 뜻은 참 알지 못하였다.
다만 자연 과학(自然科學)을 중히 여기는 사상과 생물학이 가장 자기의 성미에 맞을 듯하여 그렇게 작정한 것이다. (≪무정≫, p.224)

형식과 병욱의 선각자적 면모는 당대 지식인의 과학에 대한 막연한 열망을 형상화 한 데에 불과하다. "생물학이 무엇인지도 모르면서 새문명을 건설하겠다고 자담하는 그네의 신세도 불쌍하고 그네를 믿는 시대도 불쌍"(p.224)할 뿐이다. 자신들이 새로운 문명 건설에 앞장서고 있다는 입장에 대한 비판이 내재된 편집자의 진술은 예리하다. 그들은 과학에 대한 개념조차

정립하지 못했을 뿐 아니라, 과학기술을 통한 독창적 기계 생산력이 없는 조선의 현실을 인식하지도 못한다. 더욱이 안타까운 것은 선각자로 자처하는 그들을 믿고 있는 조선이다.

　가족이 일생에 먹을 것을 성재의 손으로 온통 시험관에 넣고 말았으니 이제는 그것을 시험관에서 다시 찾을 수밖에 없이 되었다. 만일 성재의 계획이 성공이 되어 목적한 발명품이 여러 나라의 전매 특허를 얻고 경성에 그 특허품을 제조하고 큰 공장이 서는 날이면 성재의 몽상한 바와 같은 결과를 얻을 수도 있지마는, 만일 아주 실패하는 날이면 성재의 일가족은 거지가 될 수밖에 없다.　　　　　　(≪개척자≫, p.330)

실험실을 마련과 발명을 위한 소비로 가산을 탕진한 채 헛되이 반복된 실험만을 거듭하고 있는 성재를 일가족 모두는 희망과 기대로 묵묵히 응원하고 있다. 그러나 과학적 지식이란 과학이란 용어를 안다는 것만으로 갖출 수 있는 것이 아니다. 설령 과학적 지식을 갖춘 선각자가 있을지라도 개인의 힘으로 과학 기술을 이용할 수 있는 사회구조를 창출하는 것은 경제적 능력에 있어서 힘들 수밖에 없다. 당시 이러한 점에 대한 대응책이 제시되기도 하였는데, 그 중 『서북학회월보』는 당대 지식층이 공업을 장려하기 위해 제시된 방책의 일부를 알게 한다.

(第一)土地의 多大홈을 不要홈.

(第二)特別혼 境遇 外에는 天候를 不關홈.

(第三)必要혼 材料를 工場에 用홈.

(第四)一定혼 資本으로 多數의 貨物을 産出ᄒ며 又 幾回

든지 有效ᄒ게 資本을 使用ᄒ기 能홈.

(第伍)多大혼 智力과 勞力을 要홈.[12]

H生은 「工業大意」에서 과학기술을 위해 많은 토지 공간은 필요치 않고, 장비 역시 공장에서 사용토록 함으로써 일정한 본질로 많은 생산품을 산출할 수 있도록 장려하고 있음을 말한다. 또 어떤 기회든지 유효하게 資本을 사용할 수 있도록 장려하는 반면, 지력(智力)과 노력을 필요로 함을 전제하고 있음을 논하고 있다. 이때 "智力과 勞力"은 치명이 "신 서적을 좀 보"(p.271)고 쌍기를 치선에게 권유하는 것이며, 형식이 "교육으로, 실행으로."(p.222) 대중을 계몽시켜야 한다는 것을 의미한다. 이렇듯 1910년대는 과학의 도입이 적극적으로 시도되었다. 당대 선각자로 형상화 된 작중인물은 공통적으로 국가 발전을 위해 가장 필요한 것이 과학이며, 과학을 통한 조선인의 계몽을 실현시켜야 함을 역설한다.

형식에게 "문명이라 하면 과학, 철학, 종교, 예술, 정치, 경제, 산업, 사회제도 등을 총칭하는 것"(p.145)이다. 따라서 과학(科學)을 모른다는 것은 서양문명의 내용을 모르는 것으로, 문명을 통한 근대화에 있어 제 일을 과학으로 보고 있음을 알 수

---

12) H生, 「工業大意」, 『서북학회월보』 제13호, 1909년 06월01일, p.47.

있다. 특히 과학기술은 작중인물의 가정과 조선을 책임질 해결책으로 제시됨으로써 과학은 "단순한 학업 이상의 숭고함을 내포"[13]하게 된다.

지식인은 현실문제의 해결책으로써 과학을 제시하였으나, 과학에 대한 명확한 정의를 인식하지 못하고 있다. 뿐만 아니라, 과학에 대한 정의를 자신이 아는 만큼의 범위에 한정시킴으로써 과학이 조선에서 자력으로 생성될 가능성을 직시하지 못한 채 그 기운을 꺾어버리기도 한다.

『너누수필 왜 뜨더서 썩것니?』무럿습니다.
『걱거볼나구 물쌈이 왜쟉구나오나』
이러케 대답하고 이상스럽게 나를 쳐다보더이다. 그래 나는 할수업시, 이러케말햇습니다.
『이담에는 무어시든지 나하고 가치 뜨더보쟈』(<천재? 백치?>,
pp.27-28)

'나'는 칠성이가 만년필 물감이 나오는 원리를 파악하기 위해 만년필을 부러뜨렸을 때, 분노를 참고 타이르는 데에 성공

---

13) 김주리, 앞의 글, pp.50, 57.
   주로 과학잡지에 해당하는 것으로, 보통 지식 습득 장려를 목적으로 교양수준의 과학담론을 보여준 『신문계』, 『학지광』, 『청춘』이 있다. 이들 잡지는 "1910년대 식민지 조선의 상황에서 과학 이론이나 실험, 신기술을 다룬 과학담론은 교양으로 암기하는 지식이거나 엽기적 호기심을 자극하는 읽을거리로 존재"하는 것으로 속물적 교양이나 엽기적 취미로 소비되었다.

한 자신의 인내심에 스스로 감탄한다. '나'는 칠성이가 그의 가족들과 마을 사람들이 평가하는 것만큼 천치로 생각하지 않는다. 그렇다고 하여, 칠성의 행동을 과학적 탐구정신으로 생각하는 것도 아니다. 나의 "눈에는 아모리하여도 七星이가 天痴가치는 보이지아니"(p.28)하긴 했으나, 천치가 아니라는 생각 그 이상의 인식은 없다.

『젓지안코 저혼자 가는 배를 만들엇는대, 가요! 가요』 입을 벌니고 손펵을 치면서 쒸놀더이다. (중략) 나종에 보닛가 젓지안코가는배의 裝置는 洋鐵과 쇠줄갓흔거스로 만든모양인대 보쟈고 하여도 보이지는아니하더이다. 그래 억지로 볼냐고도 아니하고 내버려두엇습니다.(<천재? 백치?>, pp.28-29)

칠성이가 혼자서 모터장치 비슷한 것을 만들어낸 것은 대단한 발명이라 할 수 있다. 그러나 '나'는 보여주지 아니하려는 것을 억지로 보려 하지 않음으로써 그의 행동과 인격을 이해하고 존중한다고 생각한다. 그러나 '나'의 칠성에 대한 반응은 시종일관 인내심으로 설명할 수 있을 뿐, 결코 그의 과학적 사고력에 대한 관심과 격려의 의지를 드러낸 것으로는 볼 수 없다. 이는 칠성이가 버드나무 아래에서 쭈그리고 앉은 채 얼어 죽기 전 날의 일을 통해 명백히 드러난다.

七星이가 업서지기前날에, 學校에서 엇든 學生의 時計가

없서젓습니다. ……그時計가 마참내 七星의 몸에서 나왓습니다. 時計는 벌서 다 傷하여 버렷더이다. 나는 七星의 버릇을 알면서도 前에 내 萬年筆버린생각도 다시 나고……前後를 생각지아니하고 채찍으로 함부루 째리기를 몹시하엿습니다. ……쪽싹쪽싹 가는거시 異常해서 째뜰여 볼냐고 훔친거신줄아나이다. ……나는 그거슬 奴害하엿나이다. …… 『내 맘대루 째틸너보고 내맘대루 맨들고 그러카구 쏘 고혼콱 만히 어들나고 페양간다』　　　　　　　　(<천재? 백치?>, p.30)

칠성이 사는 마을 사람들 모두 칠성이에 대한 정확한 판단 없이 모두 칠성의 이러한 행동을 비난하고 분노했다. 이러한 현실에 처한 칠성은 "자긔하는일을 방해하는 오마니도 업고 자긔를 째리는 외삼촌이나 훈쟝도 업고자긔를 놀녀먹는 동모도 업는 곳"인 "平壤을 갓다"(p.30)가 얼어죽고 만다. 그의 죽음은 애초에 '평양'이란 곳이 조선에 없음을 알게 한다. 시계나 만년필을 조선에서 직접 만들고자 하는 의지보다, 동경에서 졸업선물로 받은 "뉴욕製 오노트萬年筆"(p.27)을 값진 재산으로 간직하려는 의지가 더욱 강하다. 만년필과 시계는 조선의 공장에서 생산할 수 있는 상품이 아니며, 서구로부터 완성품만을 구입할 수 있는 근대문물로 단정하고 만 것이다. 완성품의 생산 가능성을 기대하지 않는 것은 곧 칠성이의 과학적 재능을 기대하지 않는 것을 의미한다. 조선인이 가질 수도 없고, 설령 가진다 할지라도 현실화할 조건이 구비되지 못한 조선의 현실에서 결국 칠성은 죽음을 맞이한다. 그의 죽음은 당대 과학에 대한 의지의 좌절을 상징한다.

2) 근대적 기계매체의 유입과 식민성

식민지 조선의 정치적 문제를 문명발전의 교육문제로 바꾸어놓은 청년 신지식인의 이해란 한계를 가질 수밖에 없다. 조급한 사명감에 사로잡힌 채 과학을 통해 조선을 계몽하려는 의지는 기술 산물의 유입을 경험하게 된다. 그리고 근대 과학기술과 공업 발전을 바탕으로 민족부흥의 미래를 꿈꾸는 지식층의 욕망은 과학을 철도와 기선, 기차로 매개되는 '물리'의 인식으로 이어지게 된다. 그러나 식민지 조선의 상황에서 과학을 호기심거리[14]로 생각한 대중은 과학기술을 통해 발명된 기차와 자동차에 대한 가치 평가에 적극 참여하지 못한다.

근대화에 대한 열망을 과학을 통해 이루려는 의지는 조선의 실천적 조건과 부응하지 못한 채 좌절된다. 이는 과학이 일제에 의해 주입된 사실과 무관치 않다. 과학기술은 칠성이가 생각하는 것처럼 자유롭게 상상하거나 표현할 수 있는 것이 아니었다. 조선은 근대사회로 가기 위해 필요한 과학기술의 본질이 무엇인지를 진지하게 고민할 기회를 갖지 못했다. 처음부터 조선인이 스스로 과학에 대해 성찰하거나 합리적인 가치판단을 할 수

---

14) 김주리, 앞의 글, pp.42-60.

있는 대상으로 주어지지 않았다. 조선인에게 과학기술은 권력이 하라는 대로 의심 없이 받아들여야 할 절대적인 것으로, 식민지에 근대적 규율을 내면화시켜 권력이 요구하는 노동자형 인간 양성에 목적을 둔 일제를 위한 도구일 뿐이다. 따라서 조선의 자연과 인간을 물적으로 지배하는 과학기술의 위력 앞에서 조선은 무력한 존재로 전락하였다.[15] 식민지성을 전제로 한 과학기술의 유입과 근대화의 진행은 <길 위에서>를 통해 확인할 수 있다. 기차와 함께 유입된 철도기술에 대한 경탄은 근대 기술자의 양성으로 이어진다. <길 위에서>는 철도 기술자 K 기사에 대한 '나'의 인식양상을 중심으로 전개된다. "골프 바지에 퍼런 감발을 치고 캡을 뒷데석에 올려놓"(p.207)은 K 기사는 고등공업을 나와서 토목 방면에 4년째 종사하고 있다.

평소 '기술자의 생활 상태'라는 것을 막연히 머릿속으로 되풀이해 뇌어보고 있었다. 벌써 퍽 전부터 기술 방면의 학교의 입학률에 대한 것과, 기술자의 구인난 같은 것에 대한 신문 기사는 많이 보았으나, 취직난이 유례가 없는 시대에서 이들의 대우란 과연 '특등석'의 느낌이 없지 않다고.

<길 위에서>, p.210)

구직난을 겪는 것이 일반적인 조선의 현실에 반해 기술자는

---

15) 정인경, 「한국 근현대 과학기술문화의 식민지성:국립과학관사를 중심으로」, 고려대대학원, 2005, pp.145-147.

특별대우를 받는 것처럼 생각해온 '나'는 K의 내면을 알아보기 위해 그의 책장을 살펴본다. "근 스무 권에 가까운 책의 전부가 수학사나 과학사"와 함께 "괴테와 하이네의 시집, 포앙카레의 작은 책자들이 섞여 있"(p.212)는 것을 확인한 "나는 가슴속을 설레고 도는 동계를 스스로 의식하면서 내가 지금 경험하고 있는 감상의 결론을 찾으려고 애써보고 있었"(p.212)으나 분명한 결론을 얻지 못한다. '나'가 K 기사를 통해 해결하고자 하는 의문점은 기술자에 해당하는 이들 "청년들의 세상을 대하는 근본 태도"(p.216)에 관한 것이다. '나'의 이러한 궁금증은 K 기사의 책장이 아닌 그의 말을 통해 해결하게 된다. 그는 "많은 두뇌의 나타나지 않는 정신적 노력이 하나의 방정식으로 간단하게 표현된 것을 되새겨 생각해보며, 공식과 방정식과 공리와 정리의 싸늘쩍한 숫자나 활자 가운데서, 뜨거운 휴먼니티를 느껴보는 것이 일층 더 고귀하고 아름다운것"(p.218)으로 본다.

큰 사업을 위하야 사람의 목숨이란 초개 같은 희생을 받어왔고, 또 그것 없이는 커다란 사업이란 완성되지 않는게 아닙니까. 이런 경우에 사람의 목숨을 가볍게 보는 건, 결코 사람의 가치 그 자체를 대수롭잖게 여기는 것과 혼동할 수는 없을 줄 압니다.   (<길 위에서>, pp.217-218)

사람의 목숨과 사람의 가치를 별개로 보는 K의 생각은 장난 감이라며 보여주는 자라 두 놈에 대한 태도를 통해 다시 확인할 수 있다. K는 손가락으로 뒤집어 놓은 자라가 힘들게 몸을 일으켜 세우는 모양새를 보고는 재미있어 한다. 그는 자라의 수고를 보며 즐거움을 느끼면 충분할 뿐이며, "자라의 입장에서 인도주의를 따진다면 그건 확실히 우스운 일"(p.218)에 불과한 것으로 판단한다. 사람의 목숨이란 것 역시 큰 사업을 위해 가볍게 볼 수 있는 것이며, 이는 결코 생명의 가치와 결부시킬 것이 아니라는 것이다. 그날 저녁 식사로 '자라 끓인 국'을 대접함으로써 K 기사는 자신의 입장을 확실히 전달하게 되며, '나' 역시 그에게서 어떠한 휴머니즘을 발견할 수 없다는 것을 알게 된다.

"인제 공사가 끝나서 중앙선으로 이사가요."
하고 길녀라는 아이는 뒤꼍에 앉은 제 어머니와 동생을 돌려다 본다.
"중앙선 어데라던?"
하고 다시 묻는 말엔,
"인부 모집하러 온 사람도 모른다구 하면서 가보아야 알겠대요."
하고 대답한다. (<길 위에서>, p.219)

다음 철도공사 장소도 알지 못한 채 철도공사장을 따라다니는 노동자는 K기사에게 있어 '자라'와 다를 바 없는 대상이다. 이들 노동자 역시 K기사에게는 희생될 한낱 개인에 불과한 대상이다. '나'는 그가 큰 사업을 위하야 사람의 목숨이란 초개같은 희생하는 것을 당연히 여기고 있음을 이미 간파하였으나, 이들 노동자는 K 기사를 "백의 한 사람두 드문 양반"이라며 칭찬한다. 그가 인부들 간에도 친절한 청년이라는 대접을 받고 있음을 알게 된 '나'는 K 기사가 이들을 상대로 길에서 하던 말을 되새겨보지 않을 수 없다.

K 기사로 대표되는 기술자 주체는 단순한 직업인이 아니다. 그는 새로운 세계를 개시하는 미래의 인간형이자, 책임연관으로 연결된 유기적 공동체를 위해 실천하는 윤리적 주체로서 의미화 된다. 그러나 책임연관으로서 기술연관이 전면에 드러날 때 개인은 국가 전체의 더 큰 이익을 취해 상품으로서의 노동력이 아닌 노동력 자체가 징용과 같이 공동체의 요구에 내맡겨져 공동체의 목적에로 귀속된다. 서로 다른 민족의 결합과 지양을 통한 국가 건설의 기술은 이미 분리와 차별이 각인된 '내선일체'이며, 이는 언제든 총체성에 균열을 초래할 수 있는 불안한 기술16)이다. 이는 조선에 철도가 개통된 과정 속에서 이미 확인한 바이다.

정부에서 외국에 빚 지는 일이 아직 없었고 정부에서 미국 사람과 서울 인천 사이에 철도를 약조 하여 미국 돈 이백 만 원 가량이 국 중에 들어 올 터인즉 이 일에 인연 하여 벌어 먹

---

16) 차승기, 「전시체제기 기술적 이성 비판」, 상허학회 편, 『일제 말기의 미디어와 문화정치』, 서울: 깊은샘, 2008, pp.39-41.

고 살 사람이 조선 안에 여러 천 명이 될 터이요 철도가 된 후에는 농민과 상민들이 철도로 인연 하여 직업들이 흥왕 할 터이요 또 조선 백성들에게 철도가 큰 학교가 될지라 개화란 말은 들었으되 아직 까지 조선 백성들이 개화에 실상을 보지 못한 고로 종시도 개화를 모르는 인민이 많이 있는지라 만일 철도 왕래 하는 것을 보거드면 개화 학문이 어떠한 것인 줄을 조금 짐작 할 듯 하며 높은 학문과 제조법을 배우고자 하는 백성이 많이 생길 터이요(논설, 『독립신문』, 1896.07.02)

1899년 9월18일 경인선철도가 개통된 이래 일본은 청일전쟁의 수행을 통해 대륙으로의 물자수송의 필요성과 한반도의 지배를 위해 간선철도를 건설하기 시작하였다. 경부선은 1900년에 건설이 시작되어 1905년에 개통하게 되었다. 호남선은 1914년에 완공되었다. 우리나라사회는 철도의 개통으로 큰 변화를 겪었는데 새로운 노선을 통해 국토공간구조의 변화가 생겼으며 새로운 도시의 형성과 산업과 문화의 변화 등 새로운 현상이 나타났다.[17] 『독립신문』의 논설 일부를 통해 미국과의 경인선 건설 약속이 잘 수행된다면 조선의 노동자에게는 일자리를 제공받을 기회를 갖게 될 뿐만 아니라, 백성들에게는 기차를 봄으로써 개화문명을 배울 수 있는 기회가 되리라 낙관하고 있다. 그러나 1894년 조일합동조약의 체결 후 경부선과 경

---

17) 이용상, 「철도의 사회경제적 영향력에 관한 연구」, 『한국철도학회 학술발표대회논문집』, 한국철도학회, 2008, pp.2296-2304.

인선의 철도 부설권은 일제에 의해 장악된다. 그리고 철도 부설에 필요한 조선인 노동자의 동원은 기술과 장비가 부족한 조선인은 철도건설 중 많은 희생[18])을 치르게 된다.

기차로 인한 조선인의 죽음은 비단 철도 건설과정에만 해당되는 것은 아니다. 당시 기차철도라는 기술문명에 대한 인식의 부족은 비극적 상황으로 이어졌다.

그날의 첫 전차가 드디어 운행을 시작했다. 유난히 이른 아침의 짙은 안개가 자욱하게 차창을 덮고 있었다. 차장은 앞을 볼 수가 없었다. 전차는 철로를 베개 삼아 잠자고 있던 많은 사람들의 머리 위로 지나갔다. 그들의 목은 순간에 잘려졌다. 안개가 걷히고 해가 떠오르자 참혹한 광경이 드러났다. 대단한 혼란이 일어났다. 광포해진 노동자들은 운이 나빴던 차장을 공격했으며, 전차를 전복시킨 후 불을 질렀다.[19])

위와 같은 비극이 발생한 까닭은 대중의 기차에 대한 인식부족에 있다. 대중은 기차가 다니는 선로를 시원한 베개 정도로 인식했을 뿐, 일제 정책 중 하나로 인식하지 못했다. 선로 위를 기차가 지나갈 것이며 그 결과가 어떠할 것인가에 대한 예상은

---

18) 김민영, 「식민지시대 노무동원 노동자의 송출과 철도·연락선」, 『한일민족문제연구』 Vol. 4, 서울한일민족문제학회, 2003, pp.41-68.
19) 셔우드 홀, 김동열 역, 『닥터 홀의 조선 회상』, 서울: 동아일보사, 1984, p.192.

그들에게 불필요한 인식 과정이었던 것이다. 따라서 대중은 참혹한 결과에 대한 분노만을 강하게 인식하였다. 그들에게 굳혀진 철도에 대한 '죽음'의 이미지는 적대감과 함께 각인되다시피 한 것이다. 이후 기차 운행을 방해하는 여러 일이 발생하게 되자, 선로의 안전성 확보가 중요한 문제로 부각된다.

일제가 조선에 선보인 철도·자동차로 상징되는 기술적 근대화는 조선인의 순응을 유도하기 위한 과시용으로 선전되곤 했지만, 그건 군사기밀로 다뤄야 할 침략과 수탈의 도구이기도 했다.[20] 남북으로 건설되는 철로는 일본의 대륙진출에 대한 야욕을 현실화 시킨 것을 의미[21]한다. 따라서 기차의 운행을 방해하는 것은 일제 식민정책에 대한 부정적 입장의 표명으로 이해할 수 있다. 따라서 기차운행을 방해하는 일을 수행함으로써 체포 구금당하는 일도 발생하였다.

「선로에 돌은 웨 낫서?」
차장은 당장본듯이 눈을 부르대엇다. …… 긔관수 화부 차장들이 웅기웅기모혀섯는데에 승객들도 나려서 에워싼 속으로 비집고 쏭파리는 쓸려드러갓다.(<쏭파리와 그의 안해>, p.327)

쏭파리는 새벽에 물길러 갓다오던 중 선로에 돌을 놓은 범인

---

20) 강준만, 『한국대중매체사』, 서울: 인물과사상사, 2007, p.225.

21) 사카모토 유이치, 「植民地期 朝鮮鐵道에 있어서 軍事輸送」, 『한국민족문화』 28, 부산대학교 한국민족문화연구소, 2006, pp.137-166.

제2장 근대소설에 나타난 과학과 교통기술의 매체성 연구   69

으로 지목당한다. 쫑파리를 잡음으로써 "두어달저에도 엇던아이의 작난이든지 오늘돌을노핫다는데서 열아믄간통이나올러가서 좀굵직한 조악돌을 한삼태기나 선로가운데다가 수복히싸아노하서 한동안 야단이낫으나 결국에 이째까지범인은발각아니되고 만것"(p.328)까지 책임을 물으려 한다. 쫑파리의 죄명이 교통방해죄에 불과할 뿐만 아니라, 동네 사람들의 무성한 뒷공론에도 불구하고 그는 결국 서대문감옥에 갇히게 된다. 어떠한 변명과 항의도 쫑파리의 투옥을 막지 못한 채 그를 투옥시킬 만큼 일제는 선로의 안전성을 중요하게 생각했다. 이는 선로가 일제식민정책을 수행하기 위한 가장 핵심적 기술 장치임을 반영하는 것이다.

3

교통기술과 기차·자동차의 매체성

1) 기차에 의해 창출된 장소성과 시간성

근대적 기계매체는 역학적 규칙성을 가지며, 이는 일제 식민 정책과 결부된다. 근대적 의미의 기계는 세세한 부분까지 계획하고 통제하는 한편, 역학적 규칙성을 가진다. 이는 일제 식민 정책과 결부된 것으로, 근대 교통수단 중 기차는 가장 핵심적인 역할을 수행하는 근대적 기계에 해당한다. 기차의 발생 그 자체만으로 기차역 주변의 장소성은 전환되며, 계층 구도는 양분화와 시간 구도의 획일화가 진행된다.22) 경성역에 내린 숭은 "바쁜 택시의 떼, 미친년 같은 버스, 장난감 같은 인력거"를 보면서 사람들에게서도 "얼음 가루를 팔팔 날리는 싸늘"(≪흙≫, p.18)함을 느낀다. 이에 반해, 정선은 "경성역의 잡답, 역두에 늘어서서 손님을 기다리는 수없는 택시들"이 "손님을 얻어 싣

---

22) 지식인의 기차탑승 중 독서행위를 통한 내면 의식의 형성에 대한 논의는 같은 공간 속에 배치된 타인과 공존하고 있는 육체의 공간성을 거부한 점을 중심으로 생각해볼 수 있다. 따라서 이 글은 독서나 상념을 통해 군중 속에서 차별화된 개인성을 획득하는 것이 굳이 기차의 발생과 탑승에 의해서만 획득할 수 있는 것은 아니라는 입장이기에 여기서의 논의에서 제외한다.

고는 커단 두 눈을 부릅뜨고 소리를 지르며 달아"나는 풍경에 기쁨을 느낀다.(p.170) 이는 기차의 발생에 의한 장소성이 다양한 양상으로 인식될 수 있음을 의미한다. 그러나 기차의 발생은 개인에 따른 인식의 장을 형성하는 데에 기여하는 것만은 아니다.

> 이렇게 땅을 잃은 농부는 자탄한다. 그리고 이 수수께끼를 풀지 못해서 애를 쓴다. …… 넓게 뚫린 신작로, 그리고 달리는 자동차, 철도, 전선, 은행, 회사, 관청 등의 큰 집들, 수없는 양복 입고 월급 많이 타고 호강하는 사람들, 이런 모든 것과 나와 어떠한 관계가 있나 하고 생각도 하여 본다. 그렇지마는 이 모든 것이 다 이 늙은 자기와 어떠한 관계가 있는 것인지 그는 해득하지 못한다. (≪흙≫, p.89)

유순 아버지는 "세상이 변해서 그렇"다는 것은 인정하되, 어떻게 변하여 자신의 팔자에 어떻게 관여하였는가에 대해 이해하지 못한다. 따라서 이러한 수수께끼를 풀어낼 힘이 없다. 그가 집과 땅을 잃고 낙담하는 것과 대조적으로 윤 참판의 재산은 무서울 정도로 늘어나게 된다. 호남철도의 개통으로 인해 곡가와 지가가 몇 갑절 올랐기 때문이다. 결국 유순 아버지가 풀지 못한 문제의 답은 철도개통에서 찾을 수밖에 없다. 세상의 변화는 철도 개통으로 인한 것이며, 이는 곧 기차가 내포한 매체성의 실체이기도 하다.

동일 장소가 기차 건설로 인해 기억과 다른 장소로 새로이 구조화 된 사실을 접함으로써 겪게 되는 '나'는 과거 장소의 기억을 지금의 장소와 비교치 않을 수 없다.

정거장 문 밖으로 나서서 눈을 바삭바삭 밟으며 큰 길거리로 나가니까 칠 년 전에 일본으로 달아날 제 오정 때 대전에 내려서 점심을 사 먹던 집이 어디인지 방면도 알 수 없이 시가가 변하였다. 길 맞은편으로 쭉 늘어선 것은 빈지를 들였으나 모두가 신축한 일본 사람 상점이다. (≪만세전≫, p.477)

'나'는 기억 속에 존재하던 식당을 찾지 못한 채, 기차역을 중심으로 새로운 도시권이 형성된 것만을 확인한다. 일제에 의해 편성된 새로운 도시는 일본인을 중심으로 건설되었으며, 상권의 장악 역시 일본 사람에게 주어졌다. 기차역 주변의 풍경은 이미 일제 식민정책의 진행을 충분히 보여주고 있다. 이는 곧 기차 주변에 형성될 권력의 파장을 예견케 한다.

『되지않은 놈이, 하급 선원쯤 되어 가지고 관리행세는 마뜩지 않게……흥!』
이런 소리가 여기저기서 떠들썩한다. 관리며는 으레 그렇게 하여도 관계없고 또 자기네들도 불복이 없겠다는 말눈치다.
『도시 조선의 철도가 관영(官營)이기 때문에 저런 게까지 제가 젠척을 하는 거야. 사영(私營)같으면야 꿈쩍이나 할 텐가.』

누구인지 일리 있는 듯한 이런 소리를 분명히 하는 강개

가도 있다.   (≪세전≫, p.429)

기차와 연관된 직업을 가진 것이 마치 특권을 가진 것인 듯
조선 승객을 무시하기도 하였다. 기차역은 조선인이 아닌 일본
인의 편의를 위한 교통수단이며, 기차의 핵심적 목적은 침략전
쟁의 기반으로써 만주를 향한 군대 이송에 있다. 경인선을 일
본군대가 독점적으로 사용함으로써 "근일에는 일본군사만 수
없이 싣고 다니노라고 행객은 태우지를 아니하니 엇더케 하는
수가"[23] 없이 기차를 이용하지 못하는 승객을 확인할 수 있다.
이는 경인선의 일본군대의 독점적 사용에 이어, 경의선을 군용
철도로 부설하게 되는 철도의 군용으로서의 역할을 단적으로
알게 한다.

기차역 주변은 조선인보다는 일본인의 주 활동무대이며, 언
어사용 또한 일본어 중심으로 형성되어 있다. 그래서 처음 기
차를 이용하는 갑동이는 "이간뎌간에서 혹 보쌀이도들고 혹 짐
짝도메인사롬들이 쑤역쑤역 나온후 죠곰잇으니 일본사롬하나
가 상여압헤셔치는 요령갓흔것을 흔들며 무엇이라고 소릭를
질으고 돌아단기닛가 표ᄉ가지고 잇던 사롬들이 분쥬히올으는
딕"[24] 그것을 보고 눈치로 기차에 같이 탄다. 갑동이가 표를

---

23) 이인직, <모란봉>, ≪한국신소설선집≫2, 서울: 서울대학교출판사, 2003, p.28.
24) 이해조, <고목화>(≪박문서관≫, 1908), 계명문화사편집부 편, ≪신소설전집≫2, 서울:
    계명문화사, 1977, p.94.

사는 것부터 기차에 오르는 것까지의 과정을 통해 기차역 주변
은 일본어 중심의 언어구조로 형성되었음을 알 수 있다.

　　오포 소리 나기만 기다리다가 남산 한 허리에서 연기가
불씬 올라오며 북악산이 덜꺽 울리게 땅하는 소리가 굉장히
크게 나는 것을 듣더니,
　　'옳지, 인제 오포 놓았군! 저 오포는 일본 오정이니까 우리
나라 오정은 반시나 더 있어야 되겠지만 그때까지 기다릴 것
무엇 있나?'25)

　　조선에 표준시가 적용된 것은 경부 철도의 부설과 관계있다.
경부 철도가 일본의 주도로 개통되면서 이론의 표준시가 여기
에 적용되게 되었다. 즉, 1905년 일부 개통된 경부 철도에 일본
의 중앙 표준시가 적용된 것26)이다. 이는 기차라는 근대 기계매
체의 속도성이 시간의식에 근거함으로써 조선의 이중적 시간구
조 형성에 영향력으로써 작동하고 있음을 보여준다. 조선의 시
간이 아닌 일본의 표준시를 기준으로 오포를 발사하는 것과 마
찬가지로 조선에서 기차는 일본 표준시를 근거로 운행된다. 일
본 오정과 우리나라 오정 간의 시간차이가 반시간이라는 것은
조선 시간이 11시 30분임을 의미한다. 30분을 더 기다려야함에

---

25) 이해조, <빈상설>(광학서포, 1908), 권영민 외편, ≪신소설전집≫4, 서울대학교출판부,
　　2003, pp.96-97.
26) 정근식, 「한국의 근대적 시간 체제의 형성과 일상 생활의 변화」I, 『사회와역사』58,
　　한국사회사학회, 2000, p.193.

도 불구하고, 거복이는 조선 시간을 따르지 않고 기다릴 필요도 없다는 생각으로 오포 시간을 따른다. 이는 기차의 매체성에 의해 표준 시간이 조선 시간에 획일적으로 강제하게 된 것을 의미하며, 조선은 이로써 이중적 시간의식을 갖게 된다.

대중은 기차와 관계된 곳의 시계는 틀리지 않을 것이라 확신하였다. 특히 경성역의 시계는 다른 곳의 시계보다 더욱 정확해야 했다. "전등불이 환한 대합실 안 남편 벽에 걸린 시계는 여섯시 사십분을 가리키고"[27] 있다면 반드시 시간은 6시 40분인 것이다. <날개>의 '나' 역시 경성역 "시계가 어느 시계보다도 정확하리라는 것이 좋았다. 섣불리 서투른 시계를 보고 그것을 믿고 시간"(p.336)을 잘못 알아 낭패를 당하지 않으려면 경성역의 시계를 봐야한다고 믿는다. 이는 곧 기차의 일정표와도 밀접히 연결된 것으로, 기차의 운행이 근대적 시간의식 형성에 밀접히 관여함으로써 조선의 시간 구조 형성에 영향을 행사하는 매체성을 보여준다.

기차역 주변에 형성된 일본인 중심의 상권과 일본어 사용, 그리고 획일적으로 강제된 일본 표준시에 대한 대중의 반응이 다양했던 것만큼 경성역에 도착한 후 겪게 되는 대중의 경험 또한 극단적 대조를 이룬다.

기차가 발생함으로써 대중에게 형성된 인식 구조는 기차에

---

27) 염상섭, 《광분》, 프레스21, 1996, p.7.

의해 실현된 획일적 시·공간성만이 아닌, 개인의 내면적 의미에 깊이 관여함으로써 형성될 수 있다. 기차역 자체의 본질적 목적을 외면한 채 내면적 고독을 향유하기 위한 장소성을 갖기도 하였다. 경성역은 기차를 이용하여 다른 지역으로 이동하기 위한 장소이다. 그러나 기차를 탐으로써 이동할 수 있는 통로적 역할에 무관심한 채 자신의 고독을 즐기기 위한 시간을 보낼 수 있는 탈출처 역할에 집중한다. 이는 기차라는 교통수단의 발생으로 인해 창출된 것이기에 기차의 발생이 대중의 공간인식형성에 기여한 것임은 자명하다.

> 어쨌든 나섰다. (중략) 경성역 일이등 대합실 한결 티룸에를 들렀다. 그것은 내게는 큰 발견이었다. 거기는 우선 아무도 아는 사람이 안 온다. 설사 왔다가도 곧 가니까 좋다. 나는 날마다 여기와서 시간을 보내리라 속으로 생각하여 두었다. …… 총총한 가운데 여객들은 그래도 한 잔 커피가 즐거운가 보다. 얼른얼른 마시고 무얼 좀 생각하는 것같이 담벼락도 좀 쳐다보고 하다가 곧 나가버린다.(<날개>, pp.336-337)

경성역사에 리트머스 시험지처럼 반응했던 것은 당대의 지식인들이었다. 그들은 '모던'한 경관을 지닌 경성역으로 몰려가 근대적 이상과 현실의 괴리감을 달래곤 했다. 경성역 1, 2등 대합실이나 그 옆의 '티룸', 2층의 귀빈실과 양식당은 서구 부르주아 문화와 모더니즘의 향기를 간신히 빨아들일 수 있었던 몇 안 되는 곳이었기 때문이다. 특히 양식당인 경성역 그릴은 근대물을 먹은 경성 유한 계층이 즐겨 이용했던 명소이기도 했다.[28] '나'는 여객들이 한 잔 커피를 즐기다가도 시간에 맞춰 급히 기차를 타기 위해 역으로 나가는 것을 보면서, 그들과의 비동질성을 즐긴다. '나'는 자신의 고독을 티룸에서 한층 더 향유한다. 그에게 경성역 티룸은 남은 시간을 잠시 메울 공간이 아닌, 자신의 고독을 더욱 심화시킬 공간이다. 여러 번 자동차에 치일 뻔하면서 나는 그대로 경성역을 찾아간다.

이렇듯 기차의 발생은 기차역을 발생케 하고 동시에 기차역의 대합실로 티룸을 동경하는 새로운 부류를 형성하는 데에 기여한다. 빈자리와 마주 앉아서 이 쓰디쓴 입맛을 거두기 위하여 무엇으로나 입가심을 하고 싶은 '나'의 감정은 일상적 생활에 바쁜 대중에게서 동떨어진 채 고독한 내면을 즐길 수 있는 경성역에 대한 동경이라 할 수 있다.

지금까지 교통기술-기차로 인한 '조선인의 경제적 상황의 변화, 기차역 주변 상권의 변화, 일본인 중심의 기차 이용, 그리고 조선의 이중적 시간구조 형성'과 같은 사회구조의 변화를 확인하였다. 그리고 기차역에 대한 인식이 새로운 사회구조 형성에 획일성을 가하는 데에서 벗어나, 고독을 즐기기 위한 탈출처로 인식되기도 하였음을 확인하였다. 이는 곧 교통기술로 인한 당

---

28) 노형석·이종학, 『모던의 유혹, 모던의 눈물』, 서울: 생각의 나무, 2004, p.44.

대 사회구조와 대중의 의식변화를 의미하는 것으로, 교통기술과 그의 산물인 기차에 내재된 매체적 특성으로 정리할 수 있다.

2) 자동차의 향유와 소외계층의 형성

서울에 자동차가 나타난 시기는 1908년 이후로, 1910년대에 이르러 자동차택시와 관광택시가 등장하였다. 이때 주목할 점은 자동차 드라이브가 부자들의 취미가 된 점이다. 부자만의 향유 대상인 자동차 드라이브에 대한 대중의 시선은 좋지 않았다. 특히 기생들까지 자동차 드라이브를 즐기자 이에 대한 대중의 원성이 끊이지 않았다. 자동차를 향유하는 이들은 "금테 안경을 콧등에 걸고 세로 양복에 분홍 와이셔츠 오른손 무명지에 찬란히 빛나는 것은 금광석 반지 이렇게 차린 부가청년(富家靑年)"이다. 대중은 "오색 의상을 산뜻이 차리고 팔뚝에는 금시계, 머리에는 금비녀 꽂은 기생 한 사람"(<어린 직공의 死>, p.8)을 싣고 다니는 그들을 부랑청년으로 인식하였다. 이는 당시 자동차 드라이브의 대표적 풍경이었으며, 1920년대부터 본격적으로 시작된 자동차 신문광고 및 판촉활동의 영향과 무관치 않다.[29] 자동차 운전수를 새로운 문명직업이라 일컫는 등 자동차에 대한 동경이 대두된 것이 사실이었으나, 연이은

---

29) 판촉 활동으로 차체를 비단으로 칭칭감고, 장안의 명기를 태워 카 퍼레이드를 한다거나 지방유지를 태워 동네 한바퀴 돌고 술잔치까지 벌였다. (강준만, 「자동차의 역사, 1903~2006 자동차는 꿈을 싣고 달린다」, 『인물과사상』 98, 인물과사상사, 2006, pp.135-137)

자동차 사고[30]로 인해 대중의 자동차에 대한 인식은 부정적으로 형성되었다. 무엇보다 중요한 것은 자동차의 등장이 노동자의 생명을 앗아감과 동시에 행인을 불구로 만들 사고를 일으키기도 한 점이다. 이는 곧 자동차에 대한 대중의 부정적 인식 형성에 작용하였다.

> 대한문(大漢門) 앞 넓은 마당을 지나올 때에 연초회사 그 공장에서 몰려나오는 …… 불쌍한 어린 직공 김길영은 치어 죽었다.(중략)
> 「자동차를 부수어라!」
> 「자동차에 탔던 놈을 때려죽여라!」
> 소리를 기운껏 지르며 길가에 널려 있는 작은 돌과 나뭇대로 손에 닥치는 대로 자동차를 향하고 던지며 미쳐 날뛰는 군중은 또다시 자동차를 떠밀기 시작하였다. 자동차를 탔던 남녀 두 사람과 운전수는 군중에 싸여 어지러이 맞고 있다. (중략)
> 「아! 돈 많은 놈들! 어떻게나 쓸 데가 없어서 자동차에 기생을 싣고 다니다가 불쌍한 직공을 치인단 말인가. …… 무엇을 못하야 악마같은 기생을 싣고 대로상에 횡행하다가 남의 목숨을 앗아간단말인가.　　(<어린 직공의 死>, pp.8-9)

---

30) 「기생태운 자동차가 노파등삼명살상」, 『동아일보』(1936.04.02.)
　　"가해자는 자동차운전면허가없음에도 불구하고 봄바람에 유혹되어 정신을 일헛든지황해육일○호자동
　　차에 기생과 동승하고 서투른 운전으로" 노파 등 세 명의 생명을 앗아간 교통사고와 관련된 기사가 빈번히 실린다.

이는 당대 기생을 태우고 드라이브를 다니는 부자청년에 대한 비난임과 동시에, 대중의 자동차 사고에 대한 공포를 반영한 것이라 할 수 있다. 이러한 공포는 자동차 사고 이후 자식과 떨어진 채 치료를 받아야했던 여성의 이야기를 통해서 다시 확인할 수 있다.

　　"네, 그렇답니다. 달포 전에 그 원수의 자동차에 치여 가지구 병원엔지 무엔지를 끌구 가니 생전 저 어린것이 보구 싶어 견딜 수 있어야지유. 그래 한 달두 채 못 돼 도루 나오지 않았어요. 그랬더니 이놈의 다리가 또 아프기 시작해서 배길 수 있어야지유. 다리만 성하문야 그래두 돌아댕기면서 얻어먹을 수는 있지만……."[31]

　자동차는 공원에서 여름밤을 즐기는 인파 사이를 지나다니며 사람을 다치게도 하였다. 아이러니하게도 사람을 다치게 하는 자동차는 사람을 치료하고자 하는 근대적 병원의 등장과 시기 상 비슷하게 등장하였다. '부상-치료'라는 직선적 구도는 기계적 반응에 가깝다. '사고-치료'라는 직선적 구조 위에 다른 어떠한 요소의 개입도 허용치 않는다. 따라서 사고를 당한 여인에게는 오로지 '환자'라는 위치만 부여할 뿐, '어머니'로서 "어린 것이 보구 싶어 견딜 수" 없어 병원에서 나오고 만 상황

---

31) 이효석, <도시와 유령> (『조선지광』, 통권 79호), 이효석, 《이효석전집 1》, 평창: 창미사, 1983, p.317.

에 대한 가정적 상황은 배려하지 못한다. 물론 근대적 병원의 치료 방식이 자동차의 매체적 특성과 긴밀히 관계있는 것이라고 단정 짓는 것은 섣부른 판단일 것이다. 이 글은 직선적 구도를 상징하는 근대적 기계매체인 자동차의 사고 결과와 흡사한 근대 병원의 치료 구조의 특성을 당대 자동차에 대한 대중의 인식양상을 논의함에 있어 부수적 요소로 언급할 뿐임을 분명히 하는 바이다.

<인력거꾼>은 자동차와 같은 교통수단에 의해 생존의 장으로부터 소외된 인력거꾼을 형상화하였다. 자동차의 등장은 인력거꾼의 경제력 박탈만이 아닌 인력거꾼의 사고 위험성도 내포한다.

> 손님을 태우고 정안사로도 가다가 소리도 없이 뒤에서 오는 자동차에 떠밀리어서 인력거 부수고, 다리 부러진 끝에, 자동차 운전수 발길에 채이고 인도인(印度人) 순사 몽둥이에 매 맞던 것도 생각이 났다.   (<인력거꾼>, pp.41-42)

자동차에 부딪혀 인력거가 파손되고 인력거꾼 역시 부상을 입었음에도 불구하고, 오히려 순사과 운전수는 인력거꾼에게 매를 내리친다. 이러한 이해할 수 없는 상황의 발생과 함께 경제적으로 수입이 낮아져 어려움을 겪게 되자 인력거의 수는 점차 줄어든다. "이원인은 무릇것도업시 발전되는 도시의교통이 쾌속도의 자동차 가튼것을 요구하고 서거름가티 느리고 인력거와가튼것은 자연 배척을 당하기 때문"[32]이다. 이는 자동차 등장으로 인한 사회구조의 변화를 의미하는 것이다. 이와 같은 '탈 것'으로 인한 구조적 변화는 근대적 기계매체 간에도 발생하였다.

조선에서 쌀이 많이 나기로 인천과 겨루는 K항구에 자본금 십이만 원의 주식회사로 된 S자동차부가 생기었다. 생기면서 맨처음으로 끔찍한 일을 시작하였으니 K정거장을 출발점으로 한 시내 이십 전 균일 택시의경영이다. 영업 성적은 백이십% 만점. 그뿐 아니라 K를 중심으로 부근 각지에 통하는 자동차 선로는 기득권은 매수나 경쟁으로 없는 곳은 새로운 선로 개척으로 거의전부가 S자동차부의 수중으로 들어왔다.   (<화물자동차>, p.38)

과학기술과 지식 체계는 인간과 자연의 관계뿐만 아니라 인간의 사회적 위치를 근대적으로 매개한다. 이는 자연과 인간을 사회적으로 재현하는 강력한 참조관계를 형성한다. 이때 중요한 것은 참조관계의 외부에 존재하는 야인(野人)은 소외된 풍경이 된다[33]는 점이다. 인력거가 자동차에 밀리어 존재성이 위태로운 것처럼, 자동차 역시 자동차 선로의 기득권에 의해 독

---

32) 「자동차는 삼배격증, 인력거는 십분의 일로 감소」, 『동아일보』, 1933.02.07.
33) 이경훈, 「청춘의 기계, 문학의 테크놀로지」, 『동방학지』, 연세대학교 국학연구원, 2005, pp.314-315.

자적으로 운행되지 못하고 S자동차부에 편입된다. S자동차부
는 택시 영업을 통해 인력거의 위치를 위태로이 했듯이, 자동
차 선로의 기득권 획득을 통해 주변 화물자동차 및 자동차의
독자적 운행을 위태로이 하였다. 이러한 화물운송 구조의 재편
성은 자동차에 내재된 매체적 특성을 보여주는 것이라 하겠다.

인력거꾼도 "보기만 하여도 역증이 나리만치 둔하게 굴려다
니는 전등차며 제법 낸체 하고 두 눈을 부르대며 내달리는 자
동차"34)를 이용해야 한다는 것을 안다. 그럼에도 불구하고, 그
들은 "어느 요리점으로 가는지 오는지 싶은 꾀죄죄한 인력거"
에 "전차,뻐스 자동차등이내어노흔손님들을 헐지헐갑으로 싯고
다"35)녀서라도 생계를 이어야만 할 처지에 놓인 약자36)이다.
"나려치는 이 논보라 앞에서는 도리어 있느냐 없느냐가 문제되
리만치 너무나 적고도 가엾이 보"37)이는 인력거를 끌다 결국
죽음을 맞이하고 만다. 자동차가 택시 기능마저 하게 되자 인
력거꾼은 더욱 소외된 계층으로 전락하게 된다. 그리고 화물자
동차의 등장은 화물운송 구조를 재편성함으로써 양극화된 경
제구도를 형성케 한다.

---

34) 권구현, <폐물>, 안승현 엮, ≪일제강점기 한국노동소설전집 1≫, 서울: 보고사, 1995,
p.146.

35) 「스피드행진곡 자동차등살에 인력거수난」, 「동아일보」, 1933.02.17

36) 인력거꾼이 "시대의 진보하는 템포가놀랄만큼 빨른것에 그들은 눈을뜨지못한까닭에
하다못해 자동차운전하는 기술과전차운전하는기술도 배우지못하야 밤을새워인력거채
를잡고 손님을기다리다가 동전한푼별지못하고둣는해를 등에바드며가족이굶주려잇는
단간방으로 면목업시도라가는일"(「스피드행진곡 자동차등살에 인력거수난」, 「동아일
보」, 1933.02.17)이 많은 것에 대해 비난하는 것은 조선 노동자의 경제력에 대한 이해
력 부족에 기인한 것이다.

37) 권구현, <폐물>, p.146.

'대중 지향적 성격'[38]을 가진 기차는 운행시간표의 획일화를 위해 표준시 적용을 강제함으로써 조선을 이중적 시간 구조 안에 놓이게 한다. 이에 반해, '개인 지향적 성격'을 가진 자동차는 시간과 운행 경로에 있어 획일성을 요구하지는 않는다. 그러나 자동차 운행의 편리를 위해 도로 정비가 진행되었을 뿐만 아니라, 대중의 교통수단에 대한 인식 변화를 작동시킨다. 자동차는 인력거와 달리 대중의 '탈 것'과 과학 기술에 대한 의식을 새로이 구조화하는 데에 기여하였다. 자동차는 이 시대에 새로이 등장한 과학 기술에 의지하였기에 인력거와는 다른 기능을 보유한다. 따라서 대중은 인력거의 한계를 해결할 수 있는 새로운 탈 것에 집중하게 된다. 이 새로운 발명품에 대한 대중의 반응이 향유할 수 없는 대상에 대한 무관심 또는 거부로 나타난다 할지라도, 은연중에 당대 탈 것에 대한 인식구조를 변이시킨 것은 분명하다.

---

38) 이 용어는 기차와 자동차의 매체성이 작동하는 범위 설정을 설명하기 위해 본 연구자가 창안한 것이다. 기차는 제국의 의도에 의해 설립됨으로써 사회 구조 변동의 범주가 전체 지향적으로 적용된 '전체 지향적 교통 장치'인데 반해, 자동차는 개인의 소유물인 자동차를 개인의 의지에 따라 사용할 수 있는 '개인 지향적 교통 장치'이다.

4

맺음말

　매체는 단순한 정보전달의 수단을 넘어서 인간의 인식패턴
과 의식소통의 구조, 나아가 사회구조 전반의 성격을 결정짓는
다. 이 글은 맥루언의 매체론을 중심으로 기차와 자동차의 매
체성에 대해 연구하였다. 교통기술을 전제한 근대적 기계매체
인 '기차와 자동차'의 매체성을 당대 문학작품과 관련지음으로
써 연구를 진행하였다. '기계매체의 근대적 특성'을 논의함으
로써 '기계매체' 용어에 '근대'의 개념을 투입함으로써 매체성
을 통한 근대적 세계관을 확인하였다.

　조선의 근대화는 서양 문물의 유입과 함께 진행되었다. 특히
이들은 과학 기술을 전제로 한 근대적 기계에 해당한다. 과학
기술에 대한 급진적 수용 의지는 열망에 가까운 것이었다. 개
화기에 유입된 근대 문물 중 조선에 가장 큰 영향력을 행사한
근대적 기계매체는 기차와 자동차이다. 기차와 자동차가 조선
의 근대화에 있어 커다란 축에 해당하는 만큼 당대 삶에 가져
온 변화에 집중해야 한다. 이는 근대 대중의 삶을 총체적으로

이해하기 위한 것이며, 동시에 오늘날 21세기를 살아가는 대중의 삶의 이해를 위한 것이기도 하다. 과학기술의 발달은 새로운 문물의 창조를 의미한다. 새로이 창조된 문물이 대중의 의식 형성과 변화에 기여함으로써 근대적 기계매체로 위치하게된 것처럼, 새로운 시대를 살아가는 현대 대중의 삶이 뉴미디어의 영향을 받아 새로이 재편성될 수 있다. 새로운 창조물은 사회 구성원의 의식 형성에 구조적으로 관계함으로써 매체로서 위치하게 된다.

<기로>와 ≪무정≫의 작중인물을 통해 공업 진흥을 위한 장려와 과학교육을 통한 문명 습득의 낙관성을 확인하였다. 그러나 작중인물의 계몽을 위한 과학의 맹목적 추구는 비판의 여지가 있음을 ≪무정≫을 통해 확인하였다. 이는 ≪개척자≫의 김성재를 통해 재현되는데, 1910년대 식민지 조선에서 과학 기술을 통한 발명을 욕망하는 것이 김성재를 어떻게 죽음과 광기로 몰아가는지를 보여주며, 이는 곧 과학기술이 조선의 지식인과 대중의 근대문물에 대한 인식에 영향력을 행사하였음을 알게 한다. 그러나 <천재? 백치?>에서 이들은 진정한 과학정신을 알아차리지 못한 칠성의 과학적 재능과 당대 과학에 대한 의지의 발로를 좌절시키고 만다.

기차가 조선인의 경제구조의 변화, 기차역 주변 상권의 변화와 일본인 중심의 기차 이용, 표준시 제정으로 인한 조선의 이

중적 시간구조 형성에 작용한 점을 확인할 수 있다. 그러나 기차역에 대한 인식이 새로운 사회구조 형성에 획일성을 가하는 데에서 벗어나, 고독을 즐기기 위한 탈출처로 인식한다. 이러한 다양한 인식의 근본에는 기차의 매체적 특성이 내포되어 있다.

자동차의 등장에 따른 인력거의 쇠퇴와 화물 운송의 새로운 구조의 재편성은 자동차에 내재된 매체성을 알게 한다. 교통기술-자동차에 내재된 매체성이란 자동차의 등장이 사회구조 변화와 대중의 의식형성에 기여한다.

조선의 대중이 근대 문물을 접함으로써 겪게 된 개인적·사회적 인식의 변화가 작중인물에 투영된 양상을 살핌으로써 그들이 근대과학 기계의 매체적 특성에 영향 받고 있음을 확인하였다. 이는 곧 오늘날 새로이 창조 개발되는 뉴미디어에 대한 매체성 확인의 한 방법을 제시한 것으로, 시대를 살아가는 대중의 삶이 새로운 매체로 인해 겪게 되는 다양한 변화의 굴절 정도를 예상하고 대응하는 데에 도움이 될 수 있기를 기대한다.

참고문헌

1. 기본 자료

염상섭, <똥파리와 그의 안해>, 권영민 외편, ≪염상섭전집 9≫, 서울: 민음사, 1987.
_____, ≪만세전≫, 서울: 태극출판사, 1978.
이 상, <날개>, 김주현 역, ≪이상문학전집 2≫, 서울: 소명, 2009.
이광수, ≪개척자≫, ≪이광수전집 1≫, 서울: 삼중당, 1963.
_____, ≪무정≫, 서울: 어문각, 1973.
_____, ≪흙≫, 서울: 어문각, 1973.
이상춘, <기로>, 양건식·현상윤 외, ≪슬픈모순≫, 파주: 범우, 2004.
유광렬, <어느 직공의 死>, 안승현 엮, ≪일제강점기 한국노동소설전집 1≫, 서울: 보고사, 1995.
장 춘, <천재? 백치?>, 『창조』 제1권 제2호, 東京: 창조사, 1919.
주요섭, <인력거꾼>(『개벽』, 1925.4), 안승현 엮, ≪일제강점기 한국노동소설전집 1≫, 서울: 보고사, 1995.
채만식, <화물자동차>(『혜성』, 1931.11), ≪채만식전집 7≫, 서울: 창작과비평사, 1989.

『독립신문』, 『동아일보』, 『서북학회월보』

2. 국내 논저

강준만, 「한국자동차의 역사」, 『인물과사상』98, 서울: 인물과사상사, 2006, pp.1-34.
_____, 『한국대중매체사』, 서울: 인물과사상사, 2007.
김동식, 「신소설과 철도의 표상」, 『민족문학사연구』통권 49호, 민족문학사연구 소, 2012, pp.82-124.

김민영, 「식민지시대 노무동원 노동자의 송출과 철도·연락선」, 『한일 민족문제 연구』 4권, 서울한일민족문제학회, 2003, pp.41-68.

김성민·박영욱, 「기계와 이미지 - 하이테크놀로지에 대한 매체 인식론적 고찰」, 『시대와 철학』 제16권 4호, 한국철학사상연구회, 2005, pp.105-131.

김아연, 「<대한매일신보> 철도가사와 철도의 표상」, 『인문과학』 제55집, 성균 관대학교 인문과학연구소, 2014, pp.127-158.

김영근, 「일제하 서울의 근대적 대중교통수단」, 『한국학보』 제26권, 2000, pp.69-103.

_____, 「일제하 일상생활의 변화와 그 성격에 관한 연구」, 연세대대학원 박사논문, 1999, 1-218면.

김종욱, 「이광수의 <개척자> 연구-과학적 세계관의 영향을 중심으로」, 『국어국 문학』 제132호, 국어국문학회, 2012, pp.281-304.

김주리, 「1910년대 과학, 기술의 표상과 근대 소설」, 『한국현대문학연구』 제39 집, 한국현대문학회, 2013, pp.41-73.

김 철, 「"내가 누구인지 말할 수 있는 자는 누구인가?" - ≪무정≫을 읽는 몇 가 지 방법」, 김철 편, ≪무정≫, 문학과지성사, 2005.

노형석·이종학, 『모던의 유혹, 모던의 눈물』, 서울: 생각의 나무, 2004.

박경수, 「근대 철도를 통해 본 '식민지 조선' 만들기」, 『일본어문학』 53권, 한국일본 어문학회, 2012, pp.253~271.

박만규, 「한말 일제의 철도 부설, 지배와 한국인동향」, 『한국사론』 8권, 서울대학교, 1982, pp.247-300.

박영욱, 『매체, 매체예술, 그리고 철학』, 서울: 향연, 2009.

백지혜, 「1910년대 이광수 소설에 나타난 '과학'의 의미」, 『한국현대문학 연구』 제14집, 한국현대문학회, 2003, pp.143-171.

유승미, 「한국문학과 서울의 토포필리아」, 『한국문예비평연구』 제41권, 한국현대문 예비평학회, 2013, pp.67-94.

이경재, 『한양이야기』, 서울: 가람기획, 2003.

이경철, 「일제 강점기 철도건축에 관한 연구」, 『한국철도학회 학술발표 대회논문집』, 한국철도학회, 2004, pp.83-87.

이경훈, 「청춘의 기계, 문학의 테크놀로지」, 연세대학교 국학연구원, 동 방학지, 2005, pp.307-340.

이승원, 「'소리'의 메타포와 근대의 일상성」, 『한국근대문학연구』 제5권,

한국근대문 학회, 2004, pp.197-228.

이용상, 「철도의 사회경제적 영향력에 관한 연구」, 『한국철도학회 학술
　　　발표대회 논문집』, 한국철도학회, 2008, pp.2296-2304.

장영우, 「대중매체 문화와 국문학연구」, 『국어국문학』129권, 국어국
　　　문학회, 2001, pp.39-55.

정근식, 「한국의 근대적 시간체제의 형성과 일상생활의 변화」, 『사회와
　　　역사』58, 한국사회사학회, 2000, pp.161-197.

정인경, 「한국 근현대 과학기술문화의 식민지성」, 고려대대학원, 2005,
　　　pp.1-166.

조성면, 「철도와 문학: 경인선 철도를 통해서 본 한국의 근대문학」, 『인
　　　천학연구』제 4호, 인천대학교 인천학연구원, 2005, pp.367-392.

조성운, 「1930년대 식민지 조선의 근대 관광」, 『한국독립운동사연구』
　　　제6권, 독립기 념관 한국독립운동사연구소, 2010, pp.369-405.

차승기, 「전시체제기 기술적 이성 비판」, 상허학회 편, 『일제 말기의
　　　미디어와 문화정치』, 서울: 깊은샘, 2008.

3. 국외 논저

디터 메르쉬, 문화학연구회 역, 『매체이론』, 연세대학교출판부, 2009.
레이먼드 윌리엄스, 김성기·유리 공역, 『키워드』, 서울: 민음사, 2010.
마샬 맥루언, 김성기 역, 『미디어의 이해』, 서울: 커뮤니케이션북스, 2002.
사카모토 유이치, 「植民地期 朝鮮鐵道에 있어서 軍事輸送」, 『한국민족문화』
　　　28, 부산대학교 한국민족문화연구소, 2006, pp.137-166.
셔우드 홀, 김동열 역, 『닥터 홀의 조선 회상』, 서울: 동아일보사, 1984.
위르겐 하버마스, 하석용 역, 『이데올로기로서의 기술과 과학』, 이성과
　　　현실, 1993.

TV 드라마 텍스트의
서사 분석과
수용자 인식 연구

- 드라마 〈도깨비〉를 중심으로 -

이 논문 또는 저서는 2017년 대한민국 교육부와 한국연구재단의
지원을 받아 수행된 연구임.(NRF-2017S1A5B5A07063874)

1
들머리

　최근 문화지평 확대는 영상매체의 위력과 가속화된 대중의 위상 강화[1])에 긴밀한 연관성이 있는 만큼 그에 대한 논의도 활발히 진행되고 있다. 이미 학문 간의 종교배로 인해 문학비평, 사회학, 역사학, 미디어연구 등의 사상, 방법 및 견해들이 문화연구라는 편리한 이름으로 통합된 잡종화가 문학 비평의 위기 속에서 탄생[2])하였다. 텔레비전을 일종의 사회적 아비투스(habitus)라고 표현하는 것은 텔레비전이 사회와의 관계 속에서 민감한 변화를 담아내기 때문[3])이다. 따라서 '문화론적 문학연구'를 설정하여 대중적 글쓰기를 감싸 안아야 할[4]) 때이다.
　그럼에도 불구하고, TV 드라마에 대한 논의는 긍정적인 것만은 아니다. 텔레비전의 일방적인 대량 정보제공이 수용자들

---

1) 이영미, 『문학사의 반전』, 서울: 한국문화사, 2007, 9쪽.
2) 콜린 스파크스, 「문화연구의 진보」, 존 스토리 편, 백선기 역, 『문화연구란 무엇인가』, 서울: 커뮤니케이션북스, 2000, 47-79쪽.
3) 원용진, 「한국의 문화연구 지형」, 『문화과학』 38호, 서울: 문화과학사, 2002, 138-153쪽.
4) 천정환, 「새로운 문학연구와 글쓰기를 위한 시론」, 『민족문학사연구』, 민족문학사학회, 2004. 11쪽.

을 수동적인 존재로 만듦으로써 현실에 대한 대리경험에 만족하고 현실에 무관심5)한 마비적 역기능6)을 초래한다는 비판을 받아 왔다. 뿐만 아니라, 드라마의 성공은 조회수, 시청률과 같은 양적 의미로 평가되며, 문화적 내용은 다수의 관심을 끌기 위해서 제시되는 만큼 저속한 매개물7)이며, 시청자의 욕망으로부터 자유로울 수 없는 것8)으로 규정하였다.

지금까지의 TV 드라마에 대한 편협한 시각을 지양하고 본질을 규명하고자 하는 연구도 진행되어 왔다. 흔히 삼류 드라마에 해당하는 멜로드라마를 대상으로 분석한 결과, 드라마가 흥행위주의 요소만으로 반복되어 온 것이 아님을 확인9)한 연구는 TV 드라마를 객관적 텍스트 분석을 거치지 않은 채 막장 드라마로 취급하는 시선의 경계를 촉구할 뿐만 아니라, 텍스트의 객관적 분석이 긴요함을 지적한 연구로 괄목할 만하다. 그럼에도 불구하고, 드라마 텍스트는 학문적 비평대상이 되지 못했다.10) 이는 TV 드라마가 현대인의 일상에 미치는 매체적 특성을 간과했기 때문이다.

---

5) 윤석진, 「디지털 시대, 한국 텔레비전드라마의 구성과 소통 방식 고찰 -2000년대 미니시리즈를 중심으로」, 『비평문학』 제53호, 2014, 146쪽.
박노현, 「텔레비전 드라마와 환상(성)」, 『한국문학연구』 제47집, 동국대학교 한국문학연구소, 2014, 507-534쪽.

6) 윤병철, 『커뮤니케이션 사회학의 매듭』, 서울: 한울아카데미, 2014, 17쪽.

7) 존 워커, 정진국 역, 『대중 매체시대의 예술』, 서울: 열화당, 1993, 17-18쪽 참조.

8) 윤석진, 위의 글, 119-153쪽.

9) 윤정원, 「TV 드라마에 나타난 서사구조와 의미 분석연구」, 중앙대학교대학원, 2016, 1-90쪽.

10) 조은아, 「TV 드라마의 현실 수용 비판」, 원광대학교 대학원, 2003, 64쪽.

본 연구는 TV 드라마 <쓸쓸하고 찬란하神-도깨비>11)를 대
상으로 <도깨비>의 서사와 수용자 인식양상 분석을 통해 가치
전복을 꿈꾸는 신화의 존재여부를 밝히고 이에 대한 수용자의
인식 여부를 확인하는 데에 목적이 있다. <도깨비>는 종래 방
영된 여타의 판타지멜로드라마를넘어섰다. <도깨비>는 시청자
의 인식과 감상 지평을 다양한 방향으로 확대·발전시킨 계기
가 됨으로써 드라마 수용자에게 매체적 영향력을 행사한 바 있
다. <도깨비>는 케이블 채널 tvN에 있어서 역대 최고 시청률인
20.5%를 달성12)함으로써 국내 케이블 방송의 새로운 획을 그
었다. 드라마 방영 기간 동안 2398건이 시청자 게시판13)에 올
라왔으며, 드라마가 종영된 이후부터 지금까지 무려 2539건의
의견이 게재되었으며, 그들의 의견 중 논쟁의 쟁점으로 부각된
점은 오늘날 수용자의 의식 변화 측정의 축으로 작동하기도 한
다. 이를 통해 <도깨비>는 텔레비전 드라마의 매체적 특성을
충분히 반영함을 알 수 있다. 따라서 '인터렉티브한 의사소통
의 가능성이 개방된 디지털 문화인 <도깨비>의 시청으로 인한
수용자의 반응 및 인식양상을 (1)시청률과 시청자 게시판을 확

---

11) TV 드라마 <쓸쓸하고 찬란하神-도깨비>(이하 <도깨비>)
연출 이응복, 극본 김은숙, TV드라마 <도깨비> 16부작, tvN, 2016년 12월 2일~2017년
1월 21일 방영.

12) 김유영, "도깨비 마지막회 20.5%… 케이블 채널 역대 최고 시청률", chosun. com,
2017.01.23 09:28, http://kid.chosun.com/site/data/html_dir/2017/01/22/
2017012201551.html(2018.10.19.,03:16). 12월 2일 시청률 6.9%에서 시작하여 3회
12.7%를 기록. 11회에서 15%를 돌파, 마지막 16회에서는 최고 시청률 22.1%를 기록.

13) 드라마 <도깨비> 공식 홈페이지의 시청자 게시판
http://program.tving.com/tvn/dokebi/4/Board/List?page=1

인, (2) 20대 초반 남녀 대학생을 대상으로 한 질문지법을 통해 확인할 것이다.

TV 드라마는 서사와 영상언어가 결합된 텍스트이다. 서사 분석을 위한 <도깨비> 분석의 중요 쟁점은 '존재론적 지배소'14)(이후 지배소)이다. <도깨비>의 핵심적 지배소인 존재와 운명, 히에로파니(hierophany)와 욕망의 상징인 도깨비, 죽음의 양가성, 신데렐라 콤플렉스와 롤리타 콤플렉스, 사랑과 기억, 서약서와 소환, 성(聖)-속(俗)의 세계에 대한 논의 를 통해 등장 인물의 정체성과 그들 간의 관계를 규명할 수 있다. 시청자가 드라마 <도깨비>를 재차 다시 시청하게 되는 이유는 드라마의 서사를 비롯한 매직 리얼리티에 해당하는 영상미에 있다. 살아 움직이는 이미지들을 디지털화하는 기술이 멀티미디어와 디지 털 텔레비전을 통해 폭넓게 확산되고 있는 만큼, '영상'은 '문 자'와 마찬가지로 분석의 대상15)이다. 따라서 시퀀스의 구도 및 음향에 대한 논의는 간과할 수 없다.

포스트모더니즘 연구에서 상호텍스트성, 탈장르화, 자기 반 영성, 대중문화에 대한 관심 또한 본 연구의 본질을 해명하는 데에 긴요하다. 포스트모더니즘의 기본 정신을 전통적인 가치 관이나 질서에 대한 거부와 도전으로 본다면 가치 전복의 신화

---

14) 김욱동, 『포스트모더니즘과 예술』, 서울:청하, 1992, 59-60쪽.

15) 자크 데리다, 김재희 역, 『에코그라피-텔레비전에 관하여-』, 서울: 민음사, 2002, 276-277쪽 참조.

가 존재하는가에 대한 논의는 중요하다. 도깨비와 인간의 사랑, 그리고 텍스트에 드러난 다원성이 스토리를 위한 소재를 보여 줌으로써 형식적 일면으로 그치는 것인지, 그렇지 않으면 TV 드라마 <도깨비> 서사 구조 전체가 포스트모더니즘의 탈주와 전복의 서사를 보여 주는 것인지에 대한 확인은 간과할 수 없다. 이와 함께, 수용자의 인식이 드라마의 심층적 수용여부를 확인할 것이다.

2
도깨비의 히에로파니와 욕망의 상징

1) 신적·현존적 존재로서의 도깨비

엘리아데의 성현(聖顯)의 개념으로 사물 그 자체의 신성함이 아닌, 사물을 통해 의미 부여된 무엇인가를 내포하기에 숭배하는 것을 의미한다. 우리 주변의 사물인 태양, 물, 돌, 식물 등은 우리 주변 사물을 통해 드러나는 신성함을 숭배하는 것은 히에로파니(hierophany)이다.

김신(NA): 그는.. 물이고 불이고 바람이며 빛이자 어둠이다. 그리고 한 때, 인간이었다..　　　　　　　　　　　　　<1부>

도깨비 김신은 '물'로써 자신의 존재를 설명한다. 물은 내포된 창조, 풍요, 정화의 상징[16]이다. 도깨비는 '물, 불, 바람, 빛, 그리고 어둠'이라는 주변사물과 현상을 통해 신성성을 획득한 존재로 히에로파니의 대상이 된다. 이러한 신성성은 엘리아데

---

16) M. 엘리아데, 정진홍 역, 『종교와 신화』, 파주: 살림출판사, 2015, 40쪽.

의 성(聖)과 속(俗)의 개념과 연결된다. 성현(聖顯)은 성(聖)으로 드러난 현상과 속(俗)으로 머무는 현상을 아우르는 총체적인 삶의 현상에 대한 인식이므로 실존은 '상반하는 것의 공존'이며 '역의 합일(coincidentia oppositorum)'[17]이다. 도깨비 이야기의 공간은 생활 현장 주변이며, 시간은 극히 가까운 어제 오늘로, 누구든 도깨비로 인한 비슷한 경험[18]을 할 수 있다. 김신은 현실과 초현실 사이에 걸쳐진 존재이자, 사소하기도 범상하기도 한 존재이다. 이는 도깨비의 존재가 일상성과 비일상성의 합일임을 알게 한다. 김신은 신 이전에 인간이었으며, 불멸의 삶을 가졌음에도 불구하고 더 높은 곳의 신을 향해 원망과 기원을 드러내는 중첩적 존재이다.

김신(E): 홀로 불멸을 살며 사랑하는 이들의 죽음을 지켜보아라. 그 어떤 죽음도 잊히지 않으리라. 내가 내리는 상이자 그대가 받는 벌이다. -중략- 오직 도깨비 신부만이 그 검을 뽑을 것이다. 검을 뽑으면 무로 돌아가 평안하리라.   <1부>

본래 인간이었으되, 신의 선물인지 벌인지 알 수 없는 불멸의 삶을 살게 김신은 성과 속을 공존한 채 불멸이 끝나길 고대하는 존재이다. 따라서 그의 불멸이 곧 완벽한 신적 존재임을

---

17) M. 엘리아데, 위의 책, 20-34쪽.
18) 김열규, 「도깨비와 귀신」, 『한국학논집』, 계명대학교 한국학연구소, 2003, 207쪽.

의미하는 것은 아니다. 김신의 가슴에 꽂힌 칼은 인간의 형벌
을 상징한다. 그에게 불멸이란 자신의 분노와 복수, 그리움을
모두 감싸 안은 채 외로움을 살아내야 하는 형벌이다. 김신은
'아무나', '마음약한 신'으로 자신을 명명하는 불완전한 존재로
서의 신이다. 은탁을 만나는 순간순간도 역시 마음약한 신이다.

> 도깨비: ! (잠깐 망설이다, 주면)
> 은탁: (꽃 받고) 난 주로 생일 날 풀을 받는구나. 아홉 살 땐 배추
>   받았거든요. (꽃 보며) 근데 메밀꽃은 꽃말이 뭘까요?
> 도깨비: 연인.
> 은탁: !   <1부>

메밀묵은 도깨비의 기호 식품이다. 메밀은 척박한 땅에서도
잘 자라 기근을 해결해 주는 서민의 먹거리였다. 도깨비가 선
호하는 메밀묵은 도깨비의 민중성을 상징[19]한다. 김신은 메밀
꽃이 무성한 들판에 버려져 생을 마감한다. 그리고 메밀꽃이
흐드러지게 핀 들판에서 불멸의 삶을 얻는다. 죽음과 회생의
지점에서 공존해온 메밀꽃을 은탁에게 건넴은 죽음을 위시한
김신과 은탁의 운명적 사랑을 확인할 수 있다.

---

19) 송효섭, 「도깨비는 어떻게 생겨나는가」, 『한국학논집』제30집, 계명대학교 한국학연구
   소, 2003, 99쪽.

2) 도깨비의 판타지와 욕망

<도깨비>는 초월적 존재를 통해 환상성을 획득함으로써 성 공한 드라마이다. 판타지 장르를 기반으로 멜로와 드라마를 엮 은 <도깨비>는 초월적 존재와 인간과의 사랑을 소재로 한 판 타지 멜로드라마이다. 흥행하는 드라마의 조건으로 원조 교제 를 전제한다. 뿐만 아니라, 성공할 수 있는 멜로드라마의 조건 을 짜 맞춘 듯 드러낸다. 즉, 사랑에 관한 플롯은 세 번의 극적 단계로 간추릴 수 있다. 첫 번째 단계는 사랑이 절정에 다다를 때 시련이 찾아오는 것이고, 두 번째 단계는 눈물겨운 노력에 도 희망은 막다른 길에 다다르게 된다. 마지막 단계에 이르러 서야 모든 장애 요소를 극복하고 사랑을 완성[20]한다. 멜로드라 마의 주인공이 일반적으로 선남선녀인 것처럼 <도깨비>에 등 장하는 저승사자 왕여와 김선은 지극히 아름답고 잘 생긴 남녀 이다. 그러나 이들이 사랑에 빠지게 되는 것은 외모적 수려함 때문만은 아니다. 삼신할머니의 의도 하에 전생과 현생을 연결 하는 반지는 그들 앞에 나타나게 되고, 이를 계기로 엄청난 대 가를 지불해야할 그들의 사랑이 시작된다.

김신과 지은탁의 만남 역시 신의 의지 속에 계획된 숙명 속 에서 시작한다. 도깨비 이야기는 속성상 일상적인 개인의 경험

---

20) 로널드 B. 토비아스, 김석만 역, 『인간의 마음을 사로잡는 스무 가지 플롯』, 서울: 풀 빛, 2005, 300-301쪽.

담인 경우가 많다. 이는 도깨비라는 신적 존재와 인간과의 만남, 그리고 그로 인한 사건의 발생이라는 설정이 낯설기만 한 것은 아님을 의미한다. 따라서 김신과 지은탁을 중심으로 한 신적 존재와 인간의 사랑 이야기는 수용자에게 개연성을 갖게 한다. 이 점은 <도깨비>의 시청률 상승을 이끌어낼 요건 중 하나가 될 수 있다. 이때 도깨비의 신성성과 판타지한 분위기에 숨겨진 근본적 의미의 파악이 요구된다. 도깨비는 한국인의 내부에 깊이 감춰진 성적 욕구를 상징한다. 가지고 싶고 행하고 싶고 누리고 싶은 욕구를 환상적으로 충족코자 도깨비의 신통한 능력에 가탁(假託)한 '욕구 전이(轉移)'[21]의 한 양상이다.

드라마는 예술과 문학이 아닌 일상의 삶에 시청자 즉, 수용자를 비매개하는 것으로 용인할 수 없는 사랑의 재현은 수용자에게 직접적인 영향을 끼친다.[22]

- 대박. 지은탁 원조교제 현장 발견. 남자 딱 봐도 삼십대.
- 미친ㅋㅋ
- 인증샷 찍어서 단톡방에 올려 얼른ㅋㅋ   <2부>

30대 중반으로 보이는 김신과 교복을 입은 지은탁이 자정

---

21) 안병국, 「잡귀 설화고」, 『동방학』5권, 한서대학교 동양고전연구소, 1999, 283쪽.
22) 이정란, 「인기드라마 속 중심인물들의 특징과 청소년들의 자아정체성 형성과의 상관관계」, 성균관대학교 언론정보대학원, 2006, 13쪽.
박웅기, 「좋아하는 텔레비전 등장인물들의 특성에 대한 시청자들의 반응」, 『한국언론학보』 47, 한국언론학회, 2003, 7-190쪽.

가까운 시간을 배회하고 있는 광경은 비정상적인 만남을 생각게 한다. 써니는 김신을 돈 많은 유부남으로 본다. 30대 중반의 남성과 고등학생인 미성년자 간의 만남은 주인공에 대한 비난으로 이어져야 하지만, 판타지한 드라마의 분위기와 등장인물의 매력에 묻혀 이들이 추구하는 사랑의 정체성을 확인하지 못한 채 로망에 사로잡힌다. 소녀의 로망은 로맨스를 꿈꾸는 것으로 그칠 수 있으나, 롤리타신드롬(Lolita Syndrome)[23]에 사로잡힌 남성은 다른 의도를 내포하기에 충분하다.

> 은탁: 애 키우기 딱 좋은 집이네요. 우리 애 낳고 알콩달콩 한
> 번 잘 살아봅시다. -중 략- 어떤 타입이에요? - 중략 -
> 아내 타입. 현모양처? 섹시? 전문직? 아 매일매일 바꿔
> 줄까요?   <4부>

사고무친한 지은탁은 이모가 이사를 가버리자 갈 곳이 없게 된 상황 속에서 김신에게 의탁하려 한다. 여학생들이 경제적인 이익을 대가로 중년남자와 사귄다는 '원조(援助)교제'도 일종의 롤리타신드롬이라 할 수 있다. 은탁은 생면부지의 남성에게 "한 오백 정도 융통"해 달라며 "미래를 약속하고 만날 생각은 있"다는 말을 서슴지 않는다. "이 가방을 도로 뺏기느니 차라

---

23) 어린 소녀에 대한 중년남자의 성적 집착 혹은 성도착. 여학생들이 경제적인 이익을 대가로 중년남자와 사귀는 '원조(援助)교제'도 해당함. "롤리타신드롬", 두산백과, http://terms.naver.com/entry.nhn?docId=1185694&cid=40942& categoryId=31614(2017.05.15.10:50)

리 아저씨를 사랑하겠어요."<7부>라는 은탁의 평범치 않은 말과 행동은 신데렐라 콤플렉스를 떠올리게 한다.

> 도깨비(NA): (표정 굳어 은탁 보는..) 심장이 하늘에서 땅까지 아찔한 진자운동을 계속하였다.
> 은탁: 아저씨?
> 도깨비(NA): 첫사랑이었다. (그저 보는데..)
> 은탁: !!.. (자기도 뭔가 기분이 가라앉아 도깨비 마주 보는데..)
> <4부>

김신이 도깨비라는 신적 존재이기 때문에 지은탁의 정체성은 고등학생이 아닌 도깨비 신부에 맞춰져 있다. 검을 뽑아 무로 돌아가게 할 수 있는 유일한 도깨비 신부라는 점을 부각시킴으로써 금지된 사랑의 빗나간 열정을 간과하게 한다. 도깨비 김신 역시 "백년을 살아 어느 날, 날이 적당한 어느 날 첫사랑이었다, 고백할 수 있기를 하늘의 허락"을 구하려 함으로써 수용자가 신적 존재인 도깨비의 판타지성을 통해 도덕적 잣대를 망각하도록 유도한다.

<도깨비> 공식홈페이지의 시청자 게시판은 이미 방영 전부터 수용자의 높은 관심을 보여 준다. 김신과 지은탁의 사랑이 곧 신과 인간의 사랑이라는 점에서부터 이 드라마는 충분히 포스트모던하다. 기존의 멜로드라마 주인공의 전형성을 파기한 이들의 사랑은 롤리타 콤플렉스와 신데렐라 콤플렉스를 교묘

히 감추어내는 데 성공한 듯하다. 그러나 <4부>가 방영된 후 은탁과 김신의 사랑은 뉴스 매체에서 기사화되었고, 도깨비 공식홈페이지의 시청자게시판은 이에 대한 논쟁으로 가득 찼다. 이 글은 시청자의 적극적 수용 여부를 시청자 게시판과 질문지 조사(20대 초반 남녀 대학생 170명을 대상)를 통해 등장인물의 정체성에 대한 시청자의 수용양상[24)]을 살펴보았다. 먼저 은탁과 김신의 관계에 대한 시청자 의견은 다음과 같다.

(1) 순수한 사랑으로 인식

○ "드라마는 드라마일뿐...원*교제 운운하는건 좀 아닌듯해요."
   (늙은하마 2016.12.11./ 조회수 563)
○ "저도 순수한 '키다리 아저씨' 생각이 납니다!(2016. 12.11.)"
○ 900살 넘은 도깨비와 도깨비 신부의 사랑이야깁니다만...
   드라마는 제발 드라마로 받아들이셨으면.(송재민 2016.12.21.)
○ 판타지 드라마라는 걸 인지하고 봐서 그런가 그런 생각은
   안들었습니다. (김진배. 2016.12.20.)

판타지 드라마라는 것을 인지하고 보았기 때문에 원조교제라는 생각은 안 든다는 김**씨의 의견은 TV드라마의 현실에 대한 영향력을 가진 롤리타 컴플렉스를 인지하지 못하는 입장에 대

---

24) <질문2>번은 '그렇다'는 대답이 10명인데 반해, '아니다'는 대답이 69명이다. 이는 시청자게시판에서 은탁과 김신의 관계를 원조교제로 보는 입장과 대조적이다. 이는 연령대의 변수(20대 초반의 대학생, 자녀를 둔 부모)가 작용하였기 때문이다. 이에 게시판과 질문조사지의 반응은 각각 검토한다.

한 확인에 해당한다. 이는 현실 윤리 질서에 어긋나는 것을 판타지로 감추려한 제작진의 의도가 실현된 것으로 볼 수 있다.

(2) 원조교제로 인식

○ "30대 아저씨와 19세 여고생의 사랑 이야기네요." (강성호 2016.11. 28/ 조회수 301)

○ "미성년자 고등학생과 아저씨의 사랑, 교제... 보기 불편합니다." (이현지, 2016.12.11./조회수 1055)

○ "미성년자와 30대 중후반 남자의 러브스토리"
6회 마지막 부분 뽀뽀를 하는 걸 보고 어이가 없어서 이렇게 글을 씁니다. 어떻게 도덕적 잣대, 사회적 분위기를 생각지도 않고 이런 드라마 전개를 하시나요? (김민선 2016.12.20./ 조회수 988)

위 내용은 게시판의 시청자 의견 중 대표적 사례를 제시한 것이다. 미성년자 은탁과 30대 중반 김신의 만남은 드라마 흥행을 위한 제작진의 작위성을 고려할 수 있다. "언제까지 원조교제 로리물로 질질 끌건지" (은선정 2016.12.20/ 조회수 648), 역겨운 로리물로 드라마를 몇 회씩 갉아먹고 있는지 의문스럽다는 의견은 판타지로써 이들의 만남을 미화하려한 제작진의 의도가 실현되지 못했음을 의미한다.

다음으로 은탁과 김신의 관계에 대한 질문지 조사결과는 다음과 같다.

질문 유형	매우 그렇다	그렇다	약간 그렇다	아니다	계
<질문 1> 지은탁은 '불우한 환경에 처한 여성이 현실에서 벗어나기 위해 돈 많은 남성을 만나고자 하는 기대감'을 갖고 있다.	23	49	47	51	170
<질문 2> 김신은 900살이라는 나이 이전에 30대 중반의 남성으로 묘사되어 있다. 지은탁이 고3 수험생이라는 점을 감안할 때, 김신의 지은탁에 대한 감정은 윤리적으로 배척해야할 대상이다.	10	24	71	69	174
<질문 3> 궁핍한 소녀가 부유한 중년 남자로부터 금전적 지원을 받길 요구할 수도 있다.	22	44	72	32	170
<질문 4> 도깨비와 2017년 고3의 현실 패턴은 동일하게 진행되고 있다. 2018년 새해가 되자 김신과 지은탁의 스킨십 장면이 빈번히 드러난다. 이는 고3학생들이 시험에서 해방되듯, 육체적 금기에서 해방되길 동경하는 결과를 초래할 수 있다.	5	14	88	63	170
<질문 5> TV 드라마에 상영된 비윤리적인 내용은 는 시청자의 가치관 형성에 부정적인 영향을 준다.	1	14	51	59	66
<질문 6> 시청자는 스스로 비윤리성을 인지하므로 질문 4의 내용은 과도하다.	2	5	11	52	70

<자료1> 김신과 지은탁의 관계에 대한 질문지 조사 결과

김신의 지은탁에 대한 감정은 윤리적으로 배척해야할 대상이라는 <질문2>에 '그렇다'라는 대답이 10명인데 반해, '아니다'라는 대답이 69명이다. 드라마가 수능시험이 끝난 고3 수험생이 탈선을 하는 데에 영향을 미칠 수 있다는 <질문4>번 질문

이 과도하다는 <질문6>에 '아니다'라는 대답이 70명 중 52명이다. 이는 김신과 지은탁의 관계는 배척할 만한 감정이 아니라는 입장이 우세한 데 반해, 탈선을 부추기는 결과를 초래하지는 않는다는 입장으로 정리할 수 있다. 즉 20대 초반 대학생의 드라마를 통한 인식이 감정과 현실의 일치로 이어지지 않음을 확인할 수 있다.

3) 죽음에 내재된 양가적 의미

지은탁과 김신에게 죽음은 양가성을 가진다. 귀신을 보는 은탁은 "망자로부터 이것저것 잘 주워들으며" 그들의 세상과 접해 왔다. 심지어 은탁은 어머니의 죽음을 어머니 혼령을 접함으로써 알게 된다. 은탁은 이미 출생 전부터 죽음과 맞닿아 있는 존재이다. 9살 은탁은 저승사자로부터 "태어나지 말았어야 할 아이"라는 말을, 19살 은탁은 도깨비로부터 "그저 원칙을 어기고 인간의 생사에 관여해서 생긴 부작용"이라는 말을 듣게 된다. 이 모든 것을 감수하기 싫으면 그저 명대로 죽을 수밖에 없음을 알게 된 은탁은 자신에게 내재된 죽음을 인식하게 된다.

도깨비: 너 뭐야. 너 대체 뭔데 보통은 보여야 할 게 아무것도
　　　　안 보여.
은탁: (?) 뭐가, 보여야 하는데요?
도깨비: 스무 살, 서른 살, 너의 미래.

은탁: 아. 없나 보죠. 미래가.　　　　　　　　　　　<1부>

　　은탁의 보이지 않는 미래는 기타누락자로 명부에 올라간 자신의 죽음을 예기한 채 미래가 없는 것으로 쉽게 대답한다. 보통 사람들은 길흉화복 같은 미래가 보이지만 아무것도 볼 수 없는 것은 자신의 죽음 때문인 것으로 쉽게 대답한다. 이미 은탁 주변에는 죽음이 존재해왔기에 담담할 수 있다. 그러나 이는 은탁의 정해지지 않은 삶이 아닌, 도깨비가 보지 못할 삶을 의미한다.

　　저승: 도깨비의 불멸을 끝낼 소멸의 도구. 그게 도깨비 신부
　　　　의 운명이야. -중략- 니가 검을 빼면 그 자는, 먼지로..
　　　　바람으로.. 흩어질 거야. 이 세상, 혹은 다른 세상 어딘
　　　　가로. 영영...　　　　　　　　　　　　　　<9부>

　　은탁은 도깨비 신부의 역할이 도깨비의 검을 뽑음으로써 그의 불멸을 끝내는 데 있음을 알게 된다. 칼을 뽑으면 도깨비가 '무'로 돌아가게 되는 사실을 견디지 못한 은탁은 도깨비를 떠나기로 결심한다. 그러나 신이 계획한 은탁 자신의 죽음과 도깨비의 죽음의 병존은 오히려 그들의 사랑을 공고히 한다.

　　은탁: 그러니까 내가 아저씨 검을 뽑지 않으면, 죽을 때까지
　　　　죽는다구요? 계속, 계속?

도깨비: (그런 은탁 꼭 안아주는데...) 미안해. 이런 운명에 끼어들게 해서. 하지만 우린 이걸 통과해 가야해. 어떤 문을 열게 될지 모르겠지만, 니 손 절대 안 놓을게. 약속할게. 그러니까 날 믿어. 난 니가 생각한 것보다 큰 사람일지도 모르니.   <11부>

도깨비에게 소멸의 도구일 수밖에 없는 은탁은 그를 떠나게 됨으로써 서로의 사랑을 확인하게 된다. 그러나 그들의 사랑이 절정에 다다를 때, 오히려 새로운 난관을 겪게 된다. 도깨비의 칼을 뽑지 않는다면 더 이상 존재가치가 없어지므로 결국 은탁이 죽음을 피할 수 없게 될 것이다. 김신은 은탁을 죽음으로부터 막아내려 애쓴다. 그러나 박중헌의 등장을 통해 그들이 결코 신의 계획으로부터 벗어날 수 없음을 알게 된다. 뿐만 아니라, 김신 역시 불멸의 삶 속에서 사랑하는 이들의 죽음을 지켜보는 자신의 고통스러운 벌, 곧 불멸의 삶을 끝내기를 고대해왔다. 기억에 의한 고통은 김신에게 지옥과도 같은 것이기 때문이다.

보면, 도깨비, 참고 참았던 울음을 토해내고 있다. 그때 창밖의 섬광 번쩍! 도깨비의 손 안에 쥐어진 검 보인다. 도깨비, 울부짖으며 가슴에 박힌 검 빼보려 하는데.. 이 또한 일종의 자살이다. 허나 검은 꼼짝도 않는다. 울음소리 더더욱 깊어지고.. 바닥을 모르겠는 외로움이 추락하던 어느 날이었다. 그 위로..
신(E): 그 어떤 죽음도 잊히지 않으리라.   <1부>

고려남자 김신의 기억에서부터 도깨비 김신에 이르기까지 사랑하는 이의 죽음에 대한 기억을 가진 채 900년을 살아내야 하는 것은 불멸의 삶이 오히려 형벌로 받아들여지는 이유가 된다. 도깨비의 무화는 평안을 의미한다. 무로 돌아가 평안할 수 있는 방법은 가슴의 검을 뽑고 사라지는 것이다.

> 도깨비(NA): 너는 내가 살고 싶은 이유다.. 너는 내가 죽고 싶은 이유다.
> 도깨비: 그 아이만이 날 죽게 할 수 있는데.. 그 아이가, 날 자꾸 살게 해. 웃기지.   <6부>

그러나 도깨비 신부의 등장으로 죽고자 하는 염원은 곧 살고자 하는 염원으로 바뀐다. 도깨비에게 지은탁은 자신의 죽음을 이루어지게 하는 대상이자 동시에 하루 더 살고 싶게 충동질하는 존재이다. "아이가 더소중해지기 전에 죽어야 겠다"는 결심은 다시 하루만 더 살아 함께 산책하고 싶다는 욕망으로 바뀐다. 지은탁은 도깨비에게 있어 죽음과 삶이라는 양가적 의미를 부여한다. 뿐만 아니라, 김신이 맞이할 죽음 역시 존재의 소멸과 찬란한 신으로의 부활이라는 양가성을 갖는다. 이는 소환을 약속한 서약서에 대한 김신의 믿음에 근거한다.

3

포스트모던 드라마
〈도깨비〉의 메커니즘

1) 플롯의 유기적 결합과 다성성

<도깨비>에서 메인플롯의 주인공인 김신, 저승, 지은탁, 김 선은 서로 운명이라는 강한 결속 하에 엮여있음에도 불구하고, 각자 자신들만의 개별적 이야기를 갖는다. 뿐만 아니라, 서브 플롯에 해당하는 인물들에게도 자신만의 개인사가 있다. 이들 서브플롯은 주인공이 겪는 사건과 무관하게 진행됨에도 불구 하고, 플롯의 병치는 유기적 결속 하에 진행된다.

은탁의 시간	주요 사건	주인공에 대한 원조	최고신에 대한 도전	장소
출생 전	삼신과 은탁모의 이야기			육교 위
9세	은탁모의 죽음과 촛불 끄기 거부/ 이모네와 살게 됨/ 저승과 대면	삼신의 도움과 격려	신의 존재 부정	
수능 전	도깨비 소환/ 생일케이크 촛불 끔/ 써니 만남			

은탁의 시간	주요 사건		주인공에 대한 원조	최고신에 대한 도전	장소
	저승과 써니의 만남/ 반지에 대한 집착		삼신의 의도		육교 위
수능 후	은탁이 떠남	검에 대한 진실을 앎	저승과의 대화		
	도깨비의 은탁 찾기	이상기후/ 죽은 자 살리기		최고신에 대한 항변	높은 빌딩 위
	은탁을 구함	서로의 사랑 확인	저승과 신의 도움 받음 (인지 못함)	둘의 사랑을 최고신에게 알림	산 정상
20세	박중헌의 등장	파국의 결말 예고			
	박중헌과 도깨비의 소멸	지은탁의 망각(기억하기 위한 메모)	저승의 도움 (권한을 넘어섬)	써니의 기억 지우기에 대한 거부	옥상 위
29세	도깨비 소환	촛불을 끔	찬란한 신-도깨비	전략적 도구, 서약서	옥상 위
	도깨비와 은탁의 사랑	은탁의 기억 회복	은탁의 기억을 위한 여행	써니와 저승 (기억 유지)	
	저승을 떠나는 써니	서로를 기억함을 인지	자신의 선택		옥상 위
	은탁의 죽음	교통사고와 희생	자신의 선택 (차를 안 마심)	환생을 기약	저승의 찻집
?년 후	저승과 써니의 환생	사랑의 완성을 원함	도깨비의 축원	환생을 통한 사랑의 완성	
200년 후	은탁의 환생	박소민으로 환생		환생을 통한 만남 실현	퀘백의 무덤

<자료 2> <도깨비>의 주요 등장인물에 따른 플롯 병치

위 표는 주요 서사구조와 인물의 이야기 및 지배소를 통해 플롯들이 목적과 의도를 가진 채 부각되고 있음을 보여준다. 전생을 기억한 채 살아가게 되는 도깨비 김신, 저승사자 왕여, 귀신을 보는 지은탁, 그리고 김선. 이 네 인물은 판타지 장르에서 요구하는 주인공의 특징을 내재한 채 각자의 목소리를 충분히 드러내고 있다. 김신과 은탁, 왕여와 김선의 메인플롯은 동등한 목소리로 발현된 특성을 드러낸다.

<도깨비>의 메인플롯의 사이에 끼인 여러 편의 에피소드는 기능 상 두 가지 범주로 분류됨으로써 메인플롯과 독립성을 유지한 채 특정한 의미관계를 형성한다.

> 남의사: (!!!) 저.. 죽었습니까? (하는데)
>   "야 최영재! 최영재!"하는 목소리와 함께 응급실로 들어오는 베드 하나. 베드엔 남의사다!!
> 저승: 의사선생 응급처치 덕에 저 환잔 살았습니다.
> 남의사: (희미하게 웃으며) 다행이네요..
>   하고, 다시 자기 보면, 동료들 사이로, 발에 신겨져 있는 닳아 납작해진 크록스 샌들 보이는데.. <3부>

과로사로 숨이 멎는 순간까지 환자를 치료하기에 여념이 없는 남의사의 집념은 사회적으로 존경받기에 충분하다. 그러나 클로즈업된 채 화면을 가득 채우는 것은 그의 갈라진 뒤꿈치와

발에서 벗겨져 병원 바닥에 뒹굴고 있는 닳아빠진 크록스 한 짝이다. 이어서 그것을 망연히 바라보는 남의사의 얼굴이 클로즈업된다. 이러한 영상언어는 남의사의 삶이 진정 표본이 될 만한 것인지 생각하게 한다.

이별통보를 받은 저승은 자신의 마음을 다스릴 방법에 대해 "정신과상담의였던, 흰 가운 입은 망자(30대 중반, 男)"에게 자문한다. 그의 상담에 감사하며 저승은 이승의 기억을 잊게 해주는 차를 권한다. 이제 그 한 잔의 차로 의사는 모든 것을 망각하고 문 밖으로 나가야 한다. 의사의 허탈한 표정은 클로즈업되어 "아 공부한 거 아까워 죽겠네. 뭐 하러 박사까지 딴다고 청춘 다 버리고. 당신이 제 마지막 진료였어요."<10부>라는 말의 의미를 더욱 무겁게 한다. 클로즈업 된 저승의 얼굴 역시 그의 말에 인정 하듯이 쓸쓸하게 보인다. 이들 에피소드는 인생의 목표에 도달함으로써 자신이 원하는 삶을 살아왔지만, 그로 인해 생을 마치게 된 그들을 보며 인생의 궁극적 목적이 과연 무엇인가 되돌아보게 하는 기능을 수행한다.

이와 달리 사회비판의 패러디로 기능하는 에피소드가 있다.

> 덕화: 절대 네버. 재벌이라 하면 응당 학교 앞까지 세단을 몰
> 아 세간의 관심을 주목시켜야 하는 법. (하더니 운전석
> 에서 내려 조수석으로 간다)   <4부>

유덕화는 재벌의 당위적 행동을 언급함으로써 경제력을 갖

춘 중년 남성의 지표가 아닌, 사회적으로 물의를 빚어 비난받는 재벌의 행동에 대한 비판적 발언임을 김비서의 대사를 통한 확인할 수 있다.

> 덕화: 출생의 비밀이라... 재벌 3세란 응당 이런 비극 하나쯤은! 김대표님 걱정마세요. 내가 바닥부터 어떻게 올라왔는데. 점심시간 설렁탕 짬밥이 몇 년인데요. 이거 먹고 내 회사 지켜낼 겁니다. 재벌답게 빡! (설렁탕 맛있게 먹고)
>
> 김비서: 덕화군? '내 회사' 아닙니다. 모든 직원 분들 회사죠. 그 분들이 잘 지켜내고 있으니 지나친 기우는 넣어두시구요. 점심시간 끝났구요. 잘 먹었습니다. (일어나 카운터로)　　　　　　　<14부>

덕화군의 "재벌이라 함은~"으로 시작하는 에피소드는 CEO의 자격과 사회적 역할을 생각하게 한다. <12부>에서 회사는 김비서가 CEO를 맡고, 덕화는 바닥부터 일을 배우기로 한다. 20014년 땅콩회양사건으로 비난받은 대한항공의 경영진은 응당 CEO라면 이러해야 할 것임을 언급하고 있다. 이때 제시된 에피소드는 사회비판의 패러디로 기능하고 있다. 그러나 텔레비전 패러디로부터 직접적인 비판을 끌어내는 일은 텍스트 해석에서 지나친 관용을 요구하는 것이다. 이는 시청률이라는 자본 논리는 10대 지향의 감각적 웃음을 강제하는 결정적 요인으로 시청자들은 최악의 상태에서도 최악의 패러디를 갖고 놀고자 한다. 수용자의 선택과 지지에 의존하는 만큼 패러디는 즐거워야 하는 것[25]이다. 이때 문학적 의의에 있어 텔레비전 패러디는 패스티시[26]에 가까울 수 있으나, 텔레비전 패러디는 다른 차원의 해석을 요하므로, 텔레비전 드라마의 경우 패러디 개념은 문학적 정의와 구별해야 한다.

드라마 <도깨비>의 주인공으로 신적 존재인 도깨비와 귀신 보는 아이가 등장한다는 것은 이미 그 자체로서 포스트모더니즘적이다. <도깨비>는 환상드라마이자, 멜로드라마, 탐색드라마이다. 제작팀은 '신비로운 낭만 설화'로 지칭하기도 하였으나, 판타지멜로드라마로 정의내리는 것이 더 명쾌하다. 장르의 혼합 혹은 장르에 대한 유희는 파스티쉬와 패러디, 자기 반영성, 상호 텍스트성과 함께 포스트모던한 <도깨비>의 특성이 된다.

2) TV 드라마의 흥행과 패러디

상호텍스트성은 주어진 한 텍스트가 다른 텍스트와 맺고 있는 상호 관계를 의미하지만, 주어진 텍스트 안에 다른 텍스트가

---

25) 박근서, 전규찬, 「텔레비전 속 패러디하는 즐거움과 한계」, 『한국언어문화』 27권, 한국언어문화학회, 2005, 87-89쪽. 100-101쪽.

26) 프레드릭 제임슨, 「포스트모더니즘과 소비사회」, 김욱동 편, 『포스트모더니즘의 이해』, 서울:문학과지성사, 1990, 244-246쪽.
패스티쉬는 포스트모던 예술가들이 다른 예술의 기법, 장르, 스타일, 매체까지 혼합해 모방하는 예술양식을 말한다. 프레드릭 제임슨에 따르면, 패스티시(pastishe)는 자기생성적 스타일이라는 관념이 과거지사가 되어버린 시대에 패러디(parody)가 도달한 결말이다. 확고한 참조점이나 정상(正常)이라는 개념이 없어져 패러디가 가능하지 않게 되자 패러디를 대신하여 나타난 것이 바로 패스티시라는 것이다. 그래서 제임슨은 "패스티시는 공허한 패러디이며, 유머 감각을 상실한 패러디"로 본다.

인용문이나 언급의 형태로 명시적으로 드러나 있는 경우를 의미하기도 한다. <도깨비>에서 확인할 수 있는 상호텍스트성은 크게 은탁의 위령역할(고스트위스퍼러), 김신의 불멸의 삶(하이랜더), 저승과 덕화의 사실 은폐(찌라시), 그리고 은탁을 구출(맨인블랙)하는 것으로 나타난다.

<도깨비>에서 지은탁은 귀신의 소원을 들어주고 그들을 저승으로 가도록 하는 역할을 한다. 이는 이승을 떠날 수 없는 슬픈 영혼들을 달래주는 <고스트 위스퍼러>의 위령 역할을 떠올리게 한다.

> 할매귀신: 진짜가. 고맙데이.. 참말로 고맙데이..
> 은탁: 아저씨한테 전해 드릴게요. 근데 요새 고시원 걔는 왜
>   안 보여요?
> 할매귀신: 가? 가는 니 덕에 (하늘 가리키며) 쩌그 갔지. 지 한
>   다 풀고
> 은탁: 아.. 그럼 할머니도.. (뭉클해 보는데..)   <6부>

지은탁은 도서관 귀신, 할매 귀신, 복수 귀신, 그리고 자신의 친구이자 어머니의 친구였던 정현이가 저승으로 갈 수 있도록 위로해주는 역할을 한다. 이는 어릴 때부터 유령을 보고, 그들과 대화할 수 있는 멜린다 고든이 자신과 같은 능력을 가진 할머니의 가르침에 따라 이승에 미련을 두고 방황하는 영혼에게 도움을 주어 안락한 저승의 세계로 이끄는 <고스트 위스퍼

러>27)라는 영매 이야기와 대응한다.

이와 같은 맥락으로, 김신의 불멸은 <하이랜더>의 주인공 코너의 불멸28)과 대응한다. 김신은 스스로를 소멸시킴으로써 불멸을 끝내려 하지만, 코너는 자신과 같은 존재를 죽여 유일한 존재가 됨으로써 불멸을 끝낼 수 있다는 점에서 차이가 있다. 그러나 이들이 겪는 고통 중 사랑하는 이의 죽음과 그 죽음을 기억하며 촛불을 켜는 장면은 김신이 캐나다에 있는 그들의 묘비를 바라보며 이야기를 건네는 장면과 대응한다. 끝으로, 김신의 백허그 사건 뒷수습은 <찌라시: 위험한 소문>의 한 장면을 연상케 한다.

> 김비서: 지금부터 해당 영상이 업로드 된 포털, 유튜브, 링크 공유 가능한 각종 SNS에 요청해서 영상들 싹 다 내려달라고 요청합니다. 더 이슈가 되기 전에 막습니다. 신속정확하게. 빅 데이터를 활용해도 좋고, 담당자와 컨텍시 "천우그룹 지주사 및 계열사 광고를 다 뺀다"로 시작하면 일이 쉽고 빠를 겁니다. 자, 시작하세요
>
> 일동, "예"하더니, 일사불란하게 태블릿PC, 노트북, 등등 펼치고 각자 앞에 놓인 수화기 집어든다.   <8부>

이 장면은 <찌라시>에서 내용 은폐를 위해 광고를 빼버리겠다는 협박을 하며 찌라시 내용이 확산되는 것을 막는 과정29)

---

27) 제니퍼 러브휴잇 주연, <고스트 위스퍼러>, 미국, 드라마이투데이.
28) 러셀 멀케이, <하이랜더>, 미국, 영국 108분 1990.04.28 개봉

을 연상케 한다. 끝으로, 납치당한 은탁을 구하는 장면은 <맨인블랙>을 떠올리게 한다.

> 은탁: !!! (저 멀리 보이는 무언가!!) 실루엣 점점 선명해지더니 뚜벅뚜벅 걸어오는 두 사람의 구둣발 보인다. 이내 안개 속을 나오는 선명한 두 사람의 얼굴, 바로 도깨비와 저승사자다!! 서리처럼 차가운 눈빛으로 저벅저벅 걸어오는 도깨비와 저승,
>
> 사채1: 뭐, 뭐야, 저 새끼들! 맨인블랙이야?   <3부>

은탁을 구하기 위해 등장한 저승과 김신은 당당하되 슬픈 눈빛을 버리지 못해 연약함마저 느껴진다. 이때 BGM인 "Stay With Me"는 초월적 힘을 가진 김신과 저승의 등장을 더욱 파워풀한 이미지를 느끼게 하며, 몽환적인 느낌의 일렉 기타 연주 위에 잔잔히 더해지는 피아노 선율의 애절하고 아련함[30]이 그들의 등장에 몽환적 이미지를 형성한다.

은탁이 밤안개 낀 날 모델처럼 쿵쿵 걸어오시던 아저씨들이 진짜 멋졌다는 말에 이들은 똑같은 상황을 재현해 볼까하며 서로 눈빛을 주고 받은 뒤 엄지 척을 내밀며 동의한다.

---

29) 황성구·김유진 각본, 김광식 감독, <찌라시: 위험한 소문>, 제작 영화사 수박, 2014.2.

30) BGM(background music)은 극중의 연출 효과를 높이거나 기분을 안정시키기 위한 목적으로 배경에 흐르게 하는 음악이다. 찬열(Chanyeol), 펀치(Punch)의 "Stay With Me"는 "도깨비 Ost Part 1"에 해당한다. 출처
http://program.tving.com/tvn/dokebi/19/Board/View?b_seq=3

S#39 어느 길 (아침)

아침안개 자욱한 거리. 안개 속을 걸어 나오는 두 개의 검은 실루엣. 점점 선명해지면, 2부 엔딩처럼 안개 속을 걸어오는 얼굴, 바로 도깨비와 저승이다!! 보면, 손에 검은 봉지들, 봉지 바깥으론 대파 삐죽 솟아 있다.. 그런 두 사람 뒤로 역시나 후광 비춰지고. 그렇게 멋지게 렌웨이 하는 둘인데, 빵빵-!! 오토바이 경적소리. 후광은 오토바이 불빛이었던 것.-중략-

　　도깨비: 우린 멋지니까! 해피 뉴 이어!!　　　　　　　<10부>

10부에서 저승과 도깨비가 파를 사오며 터널을 통과하는 장면은 3부에서 사채1.2로부터 납치된 은탁을 구하기 위해 시골길을 걸어오는 장면을 패스티쉬한 것으로, 3부 내용의 일부를 10부에서 다시 보여주는 자기반영성을 드러내 보이고 있으나 특별한 의미산출이 아닌 재미와 새해 인사를 위한 장면에 불과하다. 그러나 이러한 의미 없는 패러디의 반복은 수용자로부터 냉담한 반응을 유도할 수 있다. "개그도 가끔 나와야지 3회분처럼 막 나오는 건 정말 실망스러워요. 드라마가 너무 가벼워지고... 억지로 웃기려 집어넣는 유치한 장면은 어제부로 끝내주세요"와 같은 패러디[31]의 한계를 간과해선 안 된다. 이에 이 글은 <도깨비>에 나타난 패러디에 대한 입장을 설문지를 통해 조사 하였다. 앞서 언급한 대로 설문 대상은 20대 초중반의 대학생이고, 설문 내용은 총 7문제 중 7번으로 다음과 같다.

---

31) 프레드릭 제임슨, 앞의 책, 244-246쪽.

* 질문지 *

<질문 7> 드라마 <도깨비>에 나오는 신데렐라 노래, 도깨비 빤쮸, 맨 인블랙은 패러디에 해당한다. 이 부분이 등장해야 할 필요성 을 쓰라. 만약, 재미를 위해 등장한 것이라면 이들 특정 대 목이 인용된 필연적 이유를 대해 쓰라.

① 분위기 전환, 재미를 위해서, 흥미유도, 시청자의 감정을 노래를 통 해 더욱 동요하여 몰입할 수 있게 함. 시청자에게 웃음을 주기 위해 서이다. (24명)
② 각각의 장면마다 개연성이 있다. 신데렐라 노래는 지은탁의 환경과 비슷하고 도깨비 빤쮸도 도깨비와의 개연성에 적합했다. 은탁이의 상황과 비슷하여 주인공의 상황을 잘 묘사하였다. 그 상황에 끼워 맞추기 위해서 필요하다. (6명)
③ 드라마도 사업의 한 종류이다. 사업의 성공에 흥미유발과 관련이 있 다면 마다할 이유는 존재하지 않을 것이다. / 시청률 때문이다. (4명)
④ 드라마 주인공이 도깨비이고 신부가 고등학생인 만큼 순수한 매체를 통해 공감대 형성을 하기 위한 것으로 볼 수 있다. (3명)
⑤ 분량을 채우기 위해서이다.
⑥ 스토리의 연관성 (2명)
⑦ 음악 감독의 선정 관계가 있나 보다
⑧ 한국적 특색을 살리기 위해 쓴다.
⑨ 가볍게 표현하여 현실이 아닌 드라마임을 상기시킨다.
⑩ 도깨비라는 단어가 나와서?
⑪ 필연성이 없다.

위 설문자료는 대학생 170명을 대상으로 조사한 자료의 일 부이다. 주관적 답변을 요구하는 문항이라 응답률이 47건으로 저조함에도 불구하고 TV드라마의 패러디에 대한 입장을 규명할 수 있다. 패러디로 언급된 에피소드 간의 공통점은 '재미'로 축약할 수 있다. 이는 텔레비전의 패러디에 대한 새로운 정의를 요함을 의미한다. 텔레비전의 패러디는 유연하고 개방적이고 다의적이며 민주적이다. 텔레비전의 패러디는 다른 텍스트를 이용하여 새로운 텍스트를 구성해내는 모든 방법을 일컫는 것으로, 상호텍스트성을 표출하는 유력한 한 방법[32]이 된다.

> 덕화: 자 삼촌 잘 들어봐. (또박또박 대사로) 은탁이는 어려서 부
> 모님을 잃고요, 이모와 남매들에게 구박을 받았더래요. 샤
> 바 샤바 아이샤바. 얼마나 울었을까? 누가 울렸냐면, (파일
> 탁 펼치며 사진 가리키며) 이모와 남매들.   <3부>

위 장면은 "신데렐라는 어려서 부모님을 잃고요 계모와 언니들에게 구박을 받았더래요. 싸바싸바 아이 싸바"와 도깨비 팬티 노래를 통한 패러디를 보여준다. 이러한 특성은 포스트모더니즘의 저항과 전복의 의지가 아닌 TV드라마 흥행을 위한 모방에 해당한다. 포스트모던 시대의 문화는 외적 텍스트혼합 현상고유의 정체성보다는 이질적인 문화 간의 교류와 혼합을 더욱 중요하게 여긴다. 관습적이었던 장르 간의 규칙과 경계선은 위치를 달리하거나 허물어지고 있다. 오히려 과거의 예술이

---

32) 박근서, 전규찬, 앞의 책, 87-89쪽. 94쪽.

나 전통적인 장르의 요소들을 차용하고 패러디하면서 억압적인 관습과 규칙의 엄격성을 바꾸어 "도깨비 빤스 ㅎㅎ"(노홍래, 2016.12.05./조회수 449)와 같은 변형이 가능한 놀이형식33)으로 변환된다. 이때 텔레비전의 패러디는 문학의 전통적 패러디 개념으로 논할 수 없다. 패러디는 문화로서 텔레비전 내에 새로운 의미를 생산하는 양식으로 등장하였으며, 문화적인 장치로서 적극 활용되고 있다. 즉 텔레비전 패러디는 문학의 영토를 넘어선 개념 확장을 요구한다.34)

<도깨비>에 드러난 포스트모더니즘의 특징이 단순한 에피소드로 삽입됨으로써 흥행과 재미를 위해서 작동하기도 하였으나, 한편으로는 에피소드에 드러난 대사를 통해 사회의 일면을 간명하게 짚어냄으로써 사회비판적 기제로서 작동하였다. 김신과 은탁, 저승과 김선을 중심으로 전개되는 메인플롯과 주변인물의 에피소드가 메인플롯 사이에 끼어든 채 드러나는 현상은 주요 인물들이 운명적 결속에도 불구하고 존재에 대한 질문에 있어 각자의 목소리를 당당히 드러냄을 알게 한다.

3) 최고신을 향한 트릭과 존재의 완성

최고신은 하늘이라는 자연과 연관된 존재이며, 인간에게 하

---

33) 이상준, 『한국의 교양을 읽는다3:문화편』, 서울: 휴머니스트, 2006, 276-277쪽.
34) 박근서, 전규찬, 위의 글, 87-89쪽. 87-108쪽.

늘의 신성(神聖)함을 경험하게 한다. 하지만 인간에게 하늘은 멀게만 느껴지기도 한다. 최고신이 '사라진 신(deus otiosus)'[35] 이 되는 것은 바로 이 때이다. 최고신은 뒷전에 물러가 있다가 다른 신들이 손쓸 수 없는 절체절명의 위기에 다시 등장한다.

S#5 중천 (밤-낮)

무로 돌아간 도깨비는 이승도 저승도 아닌, 지상과 천상의 가운데, 중천에 서 있다.

삼신(E): 그리고, 너의 벌은 끝났다고 이제, 모든 것을 잊고 잠들 어 평안하라고 하지만 도깨비의 눈엔 눈물이 고였지.

도깨비,: 눈물 툭툭 떨구며 천년 만에 신 앞에 무릎을 꿇는다.

도깨비: 이곳에... 남겠습니다. 이곳에 남아서, 비로 가겠습니 다. 바람으로 가겠습니다. 첫눈으로 가겠습니다. 그 거 하나만, (굵은 눈물들...) 하늘의 허락을 구합니다.

삼신: 신은 말했지.

신(E): 너는 너를 아는 모든 이들의 기억에서 지워졌다. 그건 그들의 평안이고 나의 배려다.

삼신(E): 그리고, 너의 벌은 끝났다고 이제, 모든 것을 잊고 잠들 어 평안하라고 하지만 도깨비의 눈엔 눈물이 고였지.

<14부>

도깨비는 은탁의 절규 속에서 소멸되어 갔다. 그리고 이제

---

35) M. 엘리아데, 이동하 역, 『종교형태론』, 파주: 한길사, 1986, 34쪽.

연옥계에 온 그는 신의 제안을 선택함으로써 평안을 얻을 수 있다. 그러나 그는 이곳에 남기를 청한다. 도깨비 김신이 최고 신을 향해 무릎을 꿇는 행위는 일종의 트릭이다. 그는 비로, 바람으로, 첫눈으로 가겠다고 하였으나, 어디로 갈 것인가에 대해서는 밝히지 않는다. 신은 현실에서 이미 도깨비가 망각되었음을 이야기하나 이는 신의 착각이다. 신 스스로도 저승의 기억을 남겨두었다. 신은 망각을 배려로 받아들이길 종용하나 써니는 이를 거부한다. 도깨비 역시 신의 배려를 거부하고 자신의 선택에 따른다.

> 도깨비: (눈물 한 줄기 툭) ....이제야 알겠습니다. 제가 어떤
> 　　　　선택을 하는지. (중략)
> 삼신(E): 어리석은 선택이 아닐 수 없었지.
> 신(E): 너의 생에 항상 함께였다. 허나 이제 이곳엔, 나도 없다.
> 거대한 그림자로 날아가 버리는 나비고...　　　　　　<14부>

김신의 의지는 삼신도 읽어내지 못한다. 덕화에 빙의되어 도깨비와 저승의 일상을 살펴보던 최고신조차도 알지 못하는 것은 소환 가능성에 대한 것이다. 삼신은 "기억은 곧 잊혀지고 찬란한 허무만 남겠지. 그렇게 걷고 또 걸어서 어떻게 되려나 어디에 닿을라나<14부>"라는 넋두리를 읊을 뿐이다.

도깨비: 비로 올게... 첫눈으로 올게... 그것만 할 수 있게 해
　　　　 달라고... 신께 빌어 볼게. 　　　　　　　　　　<14부>

검을 뽑는 것은 도깨비의 소멸, 곧 무화(無化)를 의미한다. 그러나 도깨비는 '불'이기 이전에 먼저 '물'인 존재다. 따라서 소멸을 위한 불의 칼이 아닌 재생을 위한 '물의 칼'로 설명할 수 있다. 재생을 전제로 한 소멸을 경험함으로써, 도깨비는 물의 혼돈 속에서 죽음을 통과함으로써 비와 첫눈으로 돌아갈 새로운 삶[36]을 갖게 된다. 이는 곧 김신이 찬란한 신으로 부활할 것임을 암시한다.

서약서와 도깨비의 운명	
소환을 전제 하지 않음	소환을 전제로 함
찬란한 허무	찬란한 신

김신은 가슴에 꽂힌 붉은 기운이 가득한 '불'의 칼을 은탁의 손을 빌어 빼냄으로써 '무'로 돌아간다. 은탁은 도깨비를 무화시킬 수 있는 유일한 인간으로서 죽음을 상징하는 한편, 도깨비를 연옥의 세계에서 소환할 수 있는 유일한 인간이다.

계속 끅끅거리며 울면서도 야무지게 목도리 두르고, 방문 열다 뒤돌아 케이크 본다. 촛불 거의 녹아 꺼지기 일보직전이다.

---

36) M. 엘리아데, 정진홍 역, 『종교와 신화』, 파주: 살림출판사, 2003, 32쪽.

은탁: 소원, 흐흑 안 빌 거야. 하나도 안 빌 거야.

　　　아무도 안 들어주는데 흑흑 누구한테 빌어.　　<1부>

은탁은 9살에 촛불 불어끄기를 거부한다. 9살 아이 지은탁은 동화적 상상력을 이용함으로써 도깨비 검을 뽑기가 수월했을 것이다. 이에 대한 보답으로 부신 도깨비는 은탁의 성장을 풍요로 채움으로써 보답했을 것이다. 그러나 이 모든 것은 10년 뒤로 미뤄지고, 10년의 시간을 신데렐라로 살게 한다. 19의 은탁은 도깨비의 불멸을 끝낼 도구인 은탁이 아닌, 도깨비 검을 뽑되 무로 돌아가기를 거부하고 이승과 저승의 중간계에서 은탁의 호출을 기다리기를 선택하게 하는 '살리는 도구'의 은탁이다.

　누구도 불러주지 않는다는 것은 곧 그 어떤 누구도 그 존재를 알지 못함을 의미한다. 불행히도, 그를 소환할 능력을 가진 지은탁은 도깨비의 존재를 기억하지 못 한다. 김신은 은탁이 준 서약서를 손에 쥔 채 형벌과도 같은 길을 계속 걸을 수밖에 없다.

　S#24 중천 (밤-낮)

　너무 힘겨운 도깨비, 눈물 또 툭, 툭, 떨어지는데, 그 순간, 믿을 수 없는 일이 벌어진다. 은탁의 목소리가 들린 것이다...‼

　S#26 중천 (밤-낮)

　그 순간, 후~! 도깨비의 눈앞에 소환의 연기 한 줄기 날아온다! 도깨비의 터져 흉한 손이, 몸이, 환한 빛으로 찬란히

빛나는데! 저만치 날아간 서약서의 한 구절 보이면서,

[1. 을은 매년 첫눈 오는 날에 갑의 소환에 응한다. 갑이 기다릴 것이기 때문이다.] 서약서, 훅 먼지로 바스러져 날아가고... <14부>

죽음에서 도깨비로 화할 수 있었던 것이 백성들의 염원과 믿음에 의한 것처럼, 도깨비 김신에서 찬란한 신으로 부활하는 것 역시 김신의 주변 인간의 염원과 믿음에 의해 실현된다.

S#44 덕화 본가/ 서재 (밤)
창밖에 우르릉 쾅! 비 쏟아지고. 도깨비, 덕화와 김비서 찾아왔다.
도깨비: 나는 물이고 불이고 빛이자 어둠이며, (덕화에게) 너에겐 유신재고 (김비서에게) 그대에겐 김신이다.
김비서: 회장님의 유언장인 동시에, 덕화군 선조의 선조 때부터 내려오던 유언입니다.

/유회장(NA): 어느 날에 김가 성에 믿을 신을 쓰시는 분이 찾아와 내 것을 찾으러 왔다 하시거든 드려라. 내가 남긴 모든 것이 그 분의 것이다. 그 분은 빗속을 걸어와 푸른 불꽃으로 갈 것이다. 그럼 김신인 줄 알아라.
덕화: (창밖에 퍼붓는 비 잠시 보다 도깨비 경계하듯 보는데)
도깨비: (끄덕) 유회장이 그리운 밤이군. (몸에서 푸른 불꽃피어오르는데..)
<14부>

유서의 "할아버지가 이야기했던 삼촌"을 알아보는 덕화의 존재와 유신재의 유언장을 통해 김신의 소환이 예정된 것임을 알 수 있다. 김신의 찬란한 신으로서의 부활에 대한 염원과 조상대로 지켜온 도깨비에 대한 인간의 믿음, 그리고 서약서를 통한 소환에 대한 믿음을 최고신은 염두에 두지 않는다. 김신의 최고신에 대한 트릭은 찬란한 신으로의 부활로 귀결된다.

도깨비 김신, 도깨비 신부 지은탁, 저승사자 왕여, 김선은 모두 죽음과 환생의 고리에 엮여 있다. 김신은 천년의 분노에도 불구하고 매년 사찰에서 그와 여동생 김선의 내생을 축원한다. 복수의 의지는 살리고자 하는 김신의 무의식과 이번 생에서도 왕여를 사랑하게 된 김선에 대한 애정으로 결국 무색해진다. 아무 것도 지켜내지 못한 전생의 왕여와 달리 저승사자는 김신과 지은탁을 지키기 위해 규율을 어김으로써 받게 될 형벌을 감수한다.

저만치 저승 딱 서있다. 페도라에, 출근복 차림이다. 전에 없이 차갑고 어두운 죽음의 사자다. 또 규율을 어긴 것이다. 저승 망자는 사자의 부름에 답하라! 박중헌! 박중허언!!
<13부>

김신과 박중헌은 900년동안 자신의 기억을 지켜왔다. 그들의 기억은 곧 그들의 삶의 목표이기도 하다. 김신에게는 왕여를 죽여 복수하겠다는, 그리고 박중헌은 김신을 죽여 파국을 이루겠

다는 의미로 작동한다. 그러나 김신은 용서를 선택하고 고려 무신으로서의 본분을 지켜냄으로써 저승사자와의 신의를 지킨다. 왕여는 자신의 죄와 대면하게 되는 고통 받으면서도 김신과 지은탁을 구하기 위해 저승사자로서 할 수 있는 일을 실행하고자 노력한다. 저승사자가 이름을 3번 부르면 대상자는 죽게 된다. 왕여는 저승사자임과 동시에 고려 황제의 위엄으로써 박중헌을 세 번 호명함으로써 은탁의 몸에 빙의된 박중헌을 끌어낸다.

칼 뽑기를 거부함으로써 김신의 소멸을 막으려는 은탁과 은탁 주위에 산재한 죽음을 막으려는 김신의 열정은 어떠한 존재도 멈출 수 없을 것이기에 파국을 바라는 박중헌의 등장은 필연적이다. 김신, 왕여, 박중헌의 900년간의 공존 역시 도깨비의 형벌인 불멸의 삶을 종식시키기 위한 신의 계획이다. 김신의 칼을 뽑을 수 있는 도깨비 신부의 등장은 이들 셋이 응집할 수 있는 지점을 제시한 결과를 초래한다. 김신과 함께라면 천년만년 살고 싶은 간절한 사랑은 은탁에게 허락되지 않는다. 그들의 이름 끝자를 연결한 신탁의 힘, 즉 최고신의 능력만이 가능하게 한다.

저승: (끄덕, 하고, 차 한 잔 내민다) 망각의 차예요. 이승의
　　　기억을 잊게 해 줍니다.
은탁: 안 마실게요. 나 이제 가야할 거 같은데.　　　<16부>

환생을 통해 도깨비와의 사랑을 이어갈 수 있음은 차를 마시지 않는 지은탁의 의지와 이를 수긍하는 저승사자의 고개 끄덕

임을 통해 알 수 있다. 정신의 연장을 통해 육체적 죽음을 넘어서고자 하는 인간의 의지는 그대로 실현된다.

[기억해. 기억해야 해. 그 사람 이름은 김신이야. 키가 크고 웃을 때 슬퍼. 비로 올 거야. 첫눈으로 올 거야. 약속을 지킬 거야. 기억해. 기억해야 해. 넌 그 사람의 신부야.] <14부>

도깨비와 신은 은탁이 망각을 통해 도깨비가 사라진 현실을 평안하게 견딜 수 있기를 바란다. 그러나 은탁은 머릿속에서 김신과의 기억이 지워지는 것을 깨닫게 되자 김신의 유서 노트에 기억해야할 내용을 적기 시작한다. 신의 계획에 반한 의지의 발현으로써 그들의 사랑을 지켜내고자 하는 의도는 기억할 내용을 적어두는 행동으로 드러난다. 김신을 잊지 않고 자신의 사랑을 언젠가는 이루겠다는 의지에 의한 것이다. 그리고 신의 의지에 반한 인간의 행동은 역설이게도 신의 의도와 겹쳐진다.

S#32 (과거회상) 덕화와 삼신의 술자리 (밤-낮)
삼신: 신이와 탁이가 너무 슬프잖아. 한 세계가 닫힌 건데. 우리가 아닌 누구 하나쯤은... 그 모든 사랑의 역사를 기억해야 할 것 같아서.
덕화: 난 왜 꼭 그 닫힌 세계를 열 문을 발견할 것만 같지? 내가 덜 닫았나? (싱긋) <14부>

삼신과 덕화(신)는 사랑의 역사를 기억하도록 둘 사람과 망각의 배려를 베풀 사람을 결정한다. 도깨비는 자신이 없는 세상을 견딜 수 있도록 은탁의 기억을 지워달라는 부탁을 저승에게 한 적이 있다. 은탁의 망각은 도깨비와 신의 배려일 수밖에 없다. 그러나 은탁은 그 배려의 힘을 이겨내지 못한다. 뿐만 아니라, 29살이 된 은탁은 자신이 써둔 글로 인해 미궁 속을 헤맨다.

> 소년: (눈빛 묘해지더니) 망각은 신의 배려 아닐까요? 괴롭지 말라고. 하는데, 화면 넓어지면, 소년의 어깨위에 흰 나비 팔랑 팔랑!!
> 써니: 지가 뭔데. 누구 맘대로. 저거 보여? (가리키면 "물은 셀프" 종이다) 내 가게에선 신도 물은 셀프야. 내 인생도 셀프고. 내 기억이고, 내 인생인데, 물어보지도 않고 왜 지 맘대로 배려야. 내 인생 내가 알아서 할라니까 그 작자가 제발 좀 꺼져줬으면 한다 이 아줌만.
> <15부>

저승사자와 손을 잡음으로써 전생을 알게 된 써니는 저승사자의 최면에도 불구하고 왕여와 김선의 사랑이 자신들의 사랑임을 알게 된다. 써니에게 망각은 신의 배려가 아닌 독단일 뿐이다. 써니는 전생이 아닌 현생에 충실하고자 한다. 자신이 사랑하는 남성이 저승사자임과 그가 전생의 고려 황제이자 자신이 황후였음을 알게 된 이후에도 전생에 얽매이지 않고 자신이 살고 있는 세 번째 생에 충실하고자 한다. 그러나 강력한 숙명적 사랑은 써니조차 외면할 수 없어, 그 사랑을 피해 전생과 관련된 누구와도 연락하지 않은 채 생을 마감한다. 이에 반해 도깨비는 운명적 사랑을 선택한다. 지은탁 역시 천년만년 가는 사랑, 즉 운명적 사랑을 선택하며, 그 결과 지은탁의 얼굴과 기억을 오롯이 가진 박소민으로 도깨비 앞에 선다.

왕여와 김선의 사랑은 역시 비극적인 것이며 이생에서는 결코 완성될 수 없는 것이다. 이들이 간절한 사랑을 공유하게 된 것은 기억이 아닌 감정 때문이다. 고려시대의 사건들에 대한 기억, 그 시대 사람들에 대한 직관적 인식은 그들이 공유하는 시간을 과거와 현재라는 명확한 시기로 분할하지 못하게 한다. 시간은 비선형적인 상태로 제시된 채 얽혀 고려의 김신, 왕여, 김선을 현재로 옮겨둔다.

김신
900년 동안 기억을 유지
900년 전처럼 박중헌을 죽이는 과업을 달성하고 무화됨

왕 여 -> 저승부 감사팀 중징계
자신의 죄와 사후 600년의 지옥에 대면하게 됨
죄와 대면하고, 김신을 살리려는 의지를 실현해냄

900년 전처럼 김신을 죽이려는 의지를 실현함으로써 파국을 이뤄냄

김선 -> 저승에 의해 기억 찾음

왕여의 죄에 대한 응징과 오빠 김신에 대한 신의를 위해 이 생에서 결별함

과거로부터 되살아난 기억의 형상들은 시간에 따라 배열되지 않는다. 상이한 사건들 사이에서 도깨비의 기억은 현재 속에서 반복되는 만큼, 차라리 그 기억의 사건들은 미완인 채 현재까지 지속되며, 과거의 비극과 슬픔은 오히려 과거와 현재의 공존을 확인하게 한다. 이에 반해, 저승과 써니의 기억은 돌발적이고도 수직적인 형상을 한 채 존재한다. 왕여에 대한 사랑, 그리움, 기다림이 내재된 채 다른 생을 살아가는 김선은 왕여에 대한 기억이 아닌 직관적 인식을 통해 그를 사랑하게 된다. 김선은 전생 기억을 통해 왕여에 대한 자신의 사랑이 현생에까지 이어지고 있음을 알게 된다.

덕화(E): 누구지? 삼촌 옛날 여친인가? 걍 골동품 같기도 하고? 그죠?

하고 저승 보는데, 그 순간 저승의 눈에서 거짓말처럼 눈물 후두둑 떨어진다!   <7부>

제3장 TV 드라마 텍스트의 서사 분석과 수용자 인식 연구   137

기억이 회복되지 않은 왕여가 김선의 초상화를 보자 곧 눈물을 흘리는 것은 저승사자 의식의 일면에 내재하고 있는 존재(김선)에 대한 직관적 인식이자, 동시에 사랑과 속죄를 의미한다. 기억을 초월한 무의식에 내재한 사랑의 감정은 기억의 회복 후에 더욱 강렬해진다.

4

공간 판타지와 전복의 신화

1) 동일한 공간의 다원적 의미 발현

퀘벡 도시의 이중적 공간성은 '퀘벡의 빨간 문, 공동묘지, 레스토랑'에 나타난다. 퀘백은 캐나다에 있으되 캐나다가 아닌 프랑스이다. 이 세상에 존재하되, 이 세상의 존재가 아닌 도깨비와 지은탁의 사랑이 실현된 까닭이 여기에 있다. 퀘벡의 공간이 지니는 아름다운 풍경은 공동묘지라는 이질적 공간에 속해있음에도 불구하고 사랑의 고백과 침묵의 긍정이 반복되는 장소이다. 생의 회귀적 반복은 유동적 시간성을 의미하되, 퀘벡의 공동묘지는 고정된 장소로 머물러 있다. 환생을 반복하며 10대 소녀의 모습으로 도깨비 앞에 서는 소녀와 도깨비의 영원히 반복되는 소녀에 대한 욕망은 공포를 느끼게 한다. 그러나 시청자는 이국의 아름다운 공간과 불멸의 도깨비와 환생의 판타지에 진실을 인식하지 못한 채 스스로를 지은탁 또는 김신과 대치시킴으로써 부적절한 사랑에 대한 로망을 떠올려도 보는 것이다. 수용자는 이러한 아름다운 공간의 판타지를 통해 지은탁 또는 공유를 자신과 대치시킴으로써 그러한 사랑에 대한 로망을 갖기에 충분하다.

> 도깨비: 너 지금.. 저 문으로 들어온 거야? 너 어떻게 들어왔어!
> 은탁: (???) 손잡이를 잡는다. 당긴다. 아저씨를 바짝 따라,
>   근데 여기 왜 이래요..?
> 도깨비: 그러니까 묻잖아. 너 저 문 어떻게 통과한 거야 대체!
> <1부>

두 개의 공간을 갈라놓는 문지방은 또한 두 개의 존재양식,
즉 세속적인 것과 종교적인 것 사이의 거리를 가리킨다. 문지
방은 한계점이요, 경계선이며, 두 개의 세계를 갈라놓고 대립
시키는 구분선이다. 동시에 이들 세계가 교섭하고 세속적인 것
에서 거룩한 것에로의 전이 가능성을 얻게 되는 역설적인 장소
이다. 문지방은 하나의 공간에서 다른 공간으로 넘어가는 이행
의 상징이자 동시에 매개자[37])가 된다.

도서관 문-> 퀘벡		자가용 문 -> 퀘벡		도깨비집 터의 문 -> 퀘벡	
서로에게 마음을 열기 시작함		서로 호감이 있음을 확인함으로써 오히려 기분은 침체됨		어색한 분위기 해소를 위해 퀘벡에 갔으나 다시 침체된 상황 반복	
도깨비의 능력과 재력 확인	소녀의 사랑한다 는 말에 설렘	도깨비의 무표정에 불안함	지은탁에 대한 욕망을 깨닫고 검을 뽑게 하기로 결심	도깨비가 우울해진 이유를 알 수 없어 불안함	미래 은탁을 확인. '무'가 되길 결심. 슬픔.
지은탁	김신	지은탁	김신	지은탁	김신

<자료4> 김신과 지은탁의 시간이동과 감정의 굴곡

---

37) M. 엘리아데, 이동하 역, 『성과 속』, 서울: 학민사, 1983, 23-24쪽.

위 표는 퀘벡으로 들어오는 빨간 문, 공동묘지, 그리고 레스
토랑이 갖는 의미를 체계적으로 구조화함으로써 드라마에 나
타난 공간의 의미를 보여준다. 공간의 의미를 확인하는 작업은
곧 30대 중반의 남성과 10대 소녀의 사랑에 대한 의심에서 출
발한 것이며, 이들 장소에 대한 본질을 밝힘으로써 진정한 사
랑과 원조교제의 상극의 의미를 해석할 수 있다. 최고신은 하
늘을 창조하였으며 하늘에서 산다. 천둥, 번개, 폭풍우, 유성
등의 기상 현상들 속에서 자신을 드러낸다. 이것은 코스모스
가운데서 특권을 지닌 어떤 구조인 하늘과 대기를 최고 존재가
선호하며, 거기서 현존을 계시[38]하는 점은 김선과 왕여가 공존
하는 공간인 '육교 위'를 해석하는 근거가 된다. 그들은 육교라
는 동일한 공간에서 동일한 행위를 반복함으로써 기억을 재생
한다.

1	2	3
첫 만남의 장소로 서로는 첫눈에 반함	서로를 그리워하며 서성이게 되는 장소	이별을 결심하고 마지막 포옹을 나누는 장소

<자료5> 김선과 왕여의 공존 공간과 관계 변화

육교는 인간이 평범한 일상이되 의도치 않고 통과할 수 있는
높은 공간을 의미한다. 오직 인간의 의식으로서 하늘과의 근접
이라는 의도가 배제된 채 일상적인 활동범위 내에서 올라 갈

---

38) M. 엘리아데, 위의 책, 107쪽.

수 있는 장소이자 신들의 판타지가 전개되는 장소이다. 구부정한 허리의 주름진 삼신과 가슴에 '유덕화' 명찰을 단 중학교 교복을 입은 덕화와 삼신은 서로 스쳐가는 순간, 삼신은 S라인 섹시녀로, 덕화는 20대 중반 청년으로 바뀐다. 최고신이 빙의체인 덕화의 성장과 삼신할머니의 변신은 신들의 판타지 그 자체를 보여준다. 그러나 저승과 김선에게 육교는 운명적인 만남과 동시에 비극적인 헤어짐을 거치는 공간이다.

2) 전복된 성(聖)과 속(俗)의 공간

엘리아데의 성(聖)의 공간은 <도깨비>가 전복의 신화를 꿈꾸는 것인지를 밝히는 근거로 작동한다. 김신과 저승에게 있어서 공간의 메타포가 어디에서부터 시작되는가는 질문은 계단 공간을 통해 제기할 수 있다. 김신과 저승으로부터 시작된 계단 공간의 메타포는 시간을 초월한 현대에 이르러 형성된다. 고려 시대, 계단 위의 공간은 성(聖)의 공간이며 신의 공간이다. 그 자리에 올라설 수 있는 인간은 왕, 곧 왕여이다. 높은 계단 위에 해당하는 성(聖)의 공간은 신과 거리 상 가장 가까울 수 있는 곳이다. 이에 반해, 속(俗)은 계단 한 칸조차 올라 갈 수 없는 낮은 위치이다. 그 곳엔 오르고자 하여도 결코 오를 수 없는 인간이 존재한다.

이러한 위치 관계는 카메라의 위치와 연관 지어 논할 수 있다. 어떤 스토리든 관객 스스로 판단할 수 있고 화면에 안정감을 제공한다. 하이 앵글(high angle)은 대체로 카메라가 촬영 대상의 위쪽에 위치한다. 등장인물의 상실감, 절망, 패배, 왜소함 등의 감정을 전달하는 데도 효과적이다. 로 앵글(low angle)은 하이 앵글과 반대로 카메라가 대상보다 낮은 곳에 위치한다. 하이 앵글 효과와는 반대로 강인함, 우월감, 위압감, 카리스마적인 효과를 전달한다. 도깨비 김신은 롱 쇼트(long shot)는 카메라가 피사체로부터 멀리 떨어진 곳에서 촬영함으로써 대상에 대해 넓은 시야를 보여주는 화면을 말한다. 인물과 배경이 함께 촬영되는 쇼트이다. 어떤 환경에 처한 인물이나 이야기의 주체정보를 제공하면서 전체 상황을 알려주는 기능을 한다.

고려의 김신은 성의 위치에 오를 수 없다. 그가 높은 계단 위로 올라가는 것은 곧 자신의 일가와 사랑하는 이들의 죽음을 의미한다. 그럼에도 불구하고 속의 위치에서 성의 위치로 나아갈 수밖에 없었던 것은 성과 속의 중간에 위치해 있는 여동생 김선 때문이다. 김선은 계속 나아가기를 권하지만, 자신도 왕여가 있는 높은 계단을 뒤로 한 채 낮은 자리를 향해 서 있다. 신은 낮은 자리에 위치한 김신의 편을 들지 않는다. 오직 "마지막 순간까지" 왕여의 편을 든다. 높은 계단에 위치한다는 것은 곧 신의 편에 설 수 있음을 의미한다. 그러나 성과 속의 중간 위치에서 죽음을 맞이한 김선은 김신이 성의 위치에 도달하지 못 할 것을 안다. 그럼에도 불구하고 높은 계단 위로 올라가고자 하는 의지는 그곳이 신과 마주할 수 있는 위치이기 때문이다.

부하1: (달려오며) 장군..!! 하늘이 두렵지 않습니까?

왕: 하늘이 어디 너희 편이라더냐?   <1부>

결국 계단 아래에서 죽음을 당한 김신은 900년이 지난 현대에 이르러서도 신의 편이 되지 못한다. 하얀 나비로 상징된 최고신은 덕화를 통해 모습을 나타내기도 한다. "마지막의 마지막까지 끝방삼촌의 편에 설 것"을 맹세하는 덕화는 900년 전 최고신의 모습과 다를 바 없다.

절에 올라가기 위한 계단을 두고 여전히 윗자리를 차지하고 서 있는 저승(왕여)는 계단 아래에 선 채 올려다보는 김신을 똑바로 볼 수 없는 죄인의 모습이다. 드라마는 결코 거리로 논할 수 없기에 이미지를 통해 보여줄 수밖에 없는 지점이 있다.

S#50 산속 절 (밤)

도깨비(NA): 내 목소리 들리지.

저승, 보면, 도깨비 900년 전처럼 한 걸음, 한 걸음, 자신을 향해 올라오고 있다. 저 !!! 900년 전에는 오르지 못했던, 그곳까지 올라온 도깨비..

도깨비, 그대로 저벅저벅 다가가 저승 목 부러뜨릴 듯 잡는데!! 그 순간, 공간 확- 확장되면서, 900년 전 고려의 궁궐로..!!!

도깨비: 상장군 김신, 폐하를 뵙습니다.   <12부>

플래시백 과거의 회상장면으로의 전환은 다른 방식으로는

결코 통합될 수 없는 제재를 서사구조 속에 통합시키는 방법에 해당한다. <12부>에 제시된 플래시백은 말로써 설명하기에 부적한 상황 및 사건을 극화하는 데에 기여한다. 아래 제시된 두 개의 대립된 구도는 인물의 대사를 통한 설명이 아닌 이미지 제시를 통해 명확히 설명할 수 있다.

고려 시대에 계단 위를 올라가는 김신과 900년 뒤인 현대에 계단 위를 올라가는 도깨비 김신의 오버랩 된 화면 영상에서 카메라 '로 앵글'은 다른 의미로 재해석 된다. 이는 왕여에게도 동일하게 적용된다.

	카메라 위치	의미
왕여(고려시대)	하이 앵글	강임함, 위압감
김신(고려시대)	로 앵글	상실감, 절망

	카메라 위치	의미
저승(현대)	하이 앵글	절망, 왜소함
도깨비(현대)	로 앵글	카리스마, 위압감

저승이 하이 앵글의 위치에서 도깨비 김신을 내려다봄에도 불구하고 절망과 왜소함을 느끼는 것은 자신의 기억을 찾은 것에 기인한다. 저승은 도깨비에게 갖게 된 죄의식으로 인해 과거 고려시대의 왕과는 달리 높은 공간에 존재함이 의미 없음을 알고 있다. 왕여(저승)의 얼굴은 클로즈업되어 그의 인간 내면적인 정서를 강렬하게 반영하므로 비극을 드러내기에 적합39)

하다. 클로즈업은 극적 목적을 위해 캐릭터 및 애상을 강조할 때 사용하기도 하지만, 대상의 크기를 확대해서 보여주기에 피사체의 중요성을 고양시킨다.[40] 저승의 고통에 빠진 얼굴은 그의 후회와 죄스러움을 여실히 반영한다. 이는 도깨비 김신이 자신의 분노에도 불구하고 어쩔 수 없이 연민을 갖는 심리를 설명하는 근거가 된다.

별들의 영역, 하늘의 상징, 상승의 신화와 제의 등은 거룩한 것의 질서 가운데서 탁월한 위치를 유지한다. 위에 있는 것, 높은 곳에 있는 것은 모든 종교적 복합체 가운데서 초월적인 것을 계속해서 계시한다. 하늘과의 교섭이 실현되는 것은 중심에서이며, 하늘은 초월의 모범적 이미지[41]가 된다. 스키장은 하늘과 가장 맞닿은 곳이자 신과 인간의 거리를 최소화할 수 있는 '위치' 공간으로 하늘과 가장 맞닿은 곳이며, 부둣가는 바다와 가장 맞닿은 곳이자 인간 세상으로부터 최대한 떨어진 이곳은 자신들의 의지를 신에게 더욱 확고히 드러내기 위해 설정한 공간이다. 산 중에서도 가장 높은 곳이며, 케이블카를 설치한 건물 지붕은 하늘을 향해 손가락질하듯 뾰족하다. 이 공간에서 자신들의 존재를 지속하고자 하는 욕망과 서로에 대한 사랑을 공표하는 공간이다.

39) 진경아, 『매체미학과 영상이미지』. 서울: 커뮤니케이션북스, 2014, 86쪽.
40) 이종승, 『미장센: 영화 창작 논리의 해부』, 서울:아모르문디, 2018, 66쪽.
버나드 F.딕, 김시무 역, 『영화의 해부』, 서울: 시각과언어, 1996, 32쪽.
41) M. 엘리아데, 앞의 책, 114-115쪽.

S#44 하늘정원 (낮)

　눈으로 뒤덮인 새하얀 하늘정원. 천년을 사는 나무 주목도 하얗게 눈으로 뒤덮여 있다. 동화 같은 풍경 속에 히끽 히끽 흐느끼며 서 있는 은탁인데, 그 순간, 가만히 은탁을 감싸 안는 팔. 뒤에서 은탁 꼭 안아주는 도깨비다. -중략-

도깨비: 사랑한다고..

은탁: !!!

　신이 있을지 모르는 하늘과 가까운 산 정상에서, 시리도록 벅차게 안고 있는 두 사람이고..　　　　　　　　　　　　<9부>

　신과 인간의 공간적 거리를 최소화하는 공간을 드러내는 장치인 스키장은 신에게 자신들의 의지를 더욱 확고히 드러내기 위해 설정한 장소로서 존재의 지속을 욕망하는 장소이다. 은탁이 도깨비의 불멸을 끝낼 소멸의 도구역할을 거부할 것을 이들은 산 정상에 서서 신을 향해 말한다. 최고신은 인간의 간절함에 부응하며 은탁의 생명을 구하는 일에 일조한다. 이들의 신에 대한 항변과 의지의 발현은 신의 계획을 조정케 함으로써 포스트모더니즘의 전복의지를 실현시킨다.

5

시청자 참여와 수용 양상

　수용자는 드라마 시청의 결과로 새로운 콘텐츠를 생산하기도 한다. 지은탁이 졸업식 때 받은 목화 꽃다발이 유행하였으며, 가방에 메밀군을 달고 다니는 남학생도 자주 눈에 띄었다. 스마트폰의 발달로 모바일을 통한 수용자의 역할이 더욱 활성화되었다. 이러한 '수용자의 시대'를 살아가는 오늘날에는 개인의 다양성을 인정하는 '맞춤식 문학태도'[42]가 필요하다. 이는 TV 드라마 텍스트 분석 및 대중문화 텍스트가 형성하는 담론 규명을 요구한다. 드라마의 서사적 의미는 작가와 독자 및 관객의 상호 소통 관계에서 생산되는 것[43]으로, 서사성의 관점으로 텍스트를 분석하는 것은 곧 의미 생산 과정을 분석하는 것으로, 서사 소통상황의 일방향성을 양방향으로 전환[44]시키는 데에 기여할 수 있다.

---

42) 이영미, 위의 책, 20쪽.

43) 김가희, 「근대속의 탈근대이야기」, 『인문학연구』 1, 한국방송통신대학교 통합인문학연구소, 2008, 213-244쪽.

44) 황국명, 「현대 서사론의 요소와 시각」, 『우리 소설론의 터무니』, 부산: 세종출판사, 2005, 21쪽.

    <도깨비>에 대한 관심은 2016년 12월 2일 첫 방송이 시작되기 전인 10월 22일부터 시청자 게시판[45]에 141건의 글이 올라온 것으로도 알 수 있다. 이는 드라마가 종영되고 2년 여년이 지난 오늘날까지 다양한 방법으로 시청하는 것으로 이어졌다. 뿐만 아니라, 동영상 유튜브, 카페, 블로그 등과 같은 바이럴 미디어를 통해 드라마에 대한 자신의 입장을 밝히는 인터렉티브한 활동을 해왔다.

    홈페이지를 통해 분석한 결과, 드라마의 플롯과 주인공뿐만 아니라, 음원(배경음악), 패션, 가구, 그리고 드라마 촬영지에 대한 관심도 역시 높았다. <도깨비>에 등장하는 과도한 PPL은 수용자의 소비 욕망을 부추긴다. 저승사자의 모자, 유인나의 스커트, 장식장 등의 브랜드를 묻는 것에서부터 실제로 자신이 정동진에 가서 도깨비인양 사진을 찍어 자신과 도깨비와의 동일점을 찾고자 하는 반응은 재미있다. 특히 도깨비 이야기가 자신의 이야기라는 주장은 주목할 만하다.
    드라마를 보고 느낀 즐거움의 감정은 드라마 태도를 통하여 관광지의 인지적 이미지에 직접적인 영향을 미친다. 영화나 드라마의 시청에 따른 관광 이미지의 긍정적인 변화는 대리체험이나 아름다운 경관의 재발견만이 아닌 그 이외의 감정반응이 인지적 판단에 미치는 긍정적인 영향에서 비롯할 수 있다.[46]

---

45) 드라마 <도깨비> 공식 홈페이지의 시청자 게시판
   http://program.tving.com/tvn/dokebi/4/Board/List?page=1

퀘벡은 <도깨비>를 시청한 수용자들의 여행지로 각광[47]받고 있다. 은탁과 김신이 출입한 '빨간문', '목이 부러지는 계단'은 관광코스가 되었으며, 공유의 집(도깨비 집터)은 캐나다 정부에 의해 관광지로 지정되어 관광청에서 광고 중이다. 드라마의 현실이 여행지에 영향을 미친 가장 대표적인 장소는 주문진 도깨비 촬영지이다.

볼프강 이저는 텍스트, 작가, 인물, 세계에 대한 독자 우위를 강조함으로써 독자는 수동적인 소비자가 아닌 텍스트의 능동적 생산자로 본다.[48] 수용자는 이제 드라마 시청을 초월하여 드라마 서사, 그리고 드라마 창작에서의 기본 정신에 대한 전환도 요청하고 있다. 논란의 핵심인 롤리물에 관한 의견 중 "작가님이 갖고 계신 영향력 또한 생각해주세요. 이제 가치관이 형성되기 시작하는 십대들에게 올바른 관점을 제공해주셨으면 합니다. 앞으로 이 드라마를 불쾌감 없이 시청하는 날이 오길 기대하겠습니다."[49]라는 당당한 의견이 돋보인다.

도깨비를 고블린으로 오역하여 수출한 사실에 대한 시청자의 논쟁은 과히 뜨거웠다.[50] 도깨비는 저승과 이승의 중간자로

---

46) 권유홍, 「TV 드라마가 관광목적지 이미지 형성에 미치는 영향」, 『관광학연구』 28, 한국관광학회, 2005, 16-17쪽. 335-356쪽.

47) "이웃집찰스", KBS1,
http://www.kbs.co.kr/section/Interstitial.html?pgid=(0217.06.13, 07:35)

48) S.채트먼, 한용환 역, 『이야기와 담론』, 서울: 푸른사상, 2003, 21쪽.

49) "저는 도깨비를 애청하는 학생입니다." (정연수, 2016.12.12./조회수 488)

50) 한 페이지 전체를 2844~2900번 의견이 모두 하나같이 도깨비의 고블린 홍보에 대한

초월적이어서 신이하기도 하지만, 인간과 비슷하거나 오히려 못한 어리석음을 겸비한 양면적 존재이다.[51] 본래는 높은 서열에 있다가 좀 잡되다고 소홀히 다루어져 몰락하여 하위신(下位神)[52]이 되었다. 도깨비는 조상신이나 무조신처럼 신앙되거나 원귀처럼 두려움의 대상이 아닌[53] 중간자적 위치에 있다. 한국의 도깨비는 서양의 악마(DEMON)나 유령(GHOST), 동양의 오니(鬼)나 이매망량(魑魅魍魎) 등과 다르다. 도깨비는 한국인의 인본주의 사상을 바탕으로 탄생하였고, 인간 공동체와 함께 하였으며, 인본주의 덕목을 한국 문화 속에서 다시 새겨온 인본주의 한국 문화의 상징[54]임을 강조하며, 고블린으로 오역된 채 유럽으로 수출된 현상에 대한 시청자의 평가는 냉정하기만 하다.

음악과 음향 같은 청각적 요소는 드라마에서 사실적인 정보를 제공하고 상징적 의미를 내포한다. 인물의 심리변화를 상징적으로 표현하고, 장면의 정서적 분위기를 조성한다. 시청각 요소들은 극적인 상황이나 인물의 성격과 동떨어져서 존재하지 않는다. 따라서 분석은 극적인 이야기 속에서 시청각적 요

불만을 토로했다.

51) 강은해, 「도깨비의 정체」, 『한국학논집』 30집, 계명대학교 한국학연구소, 24쪽.

52) 이부영, 「'도깨비'의 심리학적측면과 상징성」, 『한국학논집』 제30집, 계명대학교 한국학연구소, 2003, 182-183쪽.

53) 안병국, 위의 글, 282쪽.

54) 안혜인, 「도깨비를 통해 본 인본주의적 양상 연구」, 경희대대학원, 2016, 3쪽.

소들이 내포하는 의미에 초점을 둔다.55) 드라마 <도깨비>의 시청방식도 다양한 방법으로 분화되었음을 알 수 있었다. 지상파가 아닌 tvN이라는 케이블 TV에서 방영되었다. 최근 드라마를 시청하는 추세는 본방송보다는 재방송을 보거나 또 많은 경우는 다시보기(방송 홈페이지, 유튜브 등)를 통해 시청자가 원하는 시간에 자유롭게 본다. 그런데 다른 방식으로 시청할 때 방송에서 들었던 Beautiful의 원음이 아니므로 원래 가수의 음원을 요구하기도 하였다.

지금까지 시청자 게시판을 통해 수용양상을 확인하였으나, <도깨비>에 내재한 전복의 의지와 실현에 관한 인식은 발견하지 못했다.

---

55) 김용수, 『드라마 분석 방법론』, 서울:집문당, 2015, 241-260쪽.

6
가치 전복의 신화와 시청자 인식현황

<도깨비>에 나타난 포스트모더니즘의 특징을 패러디를 중심으로 살펴보았다. 이 글은 포스트모더니즘의 저항의 일면에 주목하여, 포스트모던 드라마 <도깨비>에 드러난 소환을 위한 최고신에 대한 트릭, 망각에 대한 거부의 의지, 공간 판타지의 확인과 전복의 신화를 확인하였다. 캐나다와 육교와 같은 동일한 공간이 다원적 의미를 가짐으로써 포스트모던한 공간으로 전유되었음을 확인하였다. 하늘에 가장 가까운 스키장은 성(聖)의 공간에 해당하며, 김신과 은탁의 최고신에 대한 항변을 가능케 하는 공간으로 전복되었음을 확인하였다. 부둣가는 바다와 가장 맞닿은 곳이자 인간 세상으로부터 최대한 떨어진 이곳은 자신들의 의지를 신에게 더욱 확고히 드러내기 위해 설정한 공간이다. 이들의 신에 대한 항변과 의지의 발현은 신의 계획을 조정케 함으로써 포스트모더니즘의 전복의지를 실현시킨다.

시청자 게시물을 통해 롤리물에 관한 논쟁, 도깨비의 고블린 오역에 관한 수용자의 입장을 확인하였다. 핵심 지배소를 중심

으로 등장인물의 정체성을 탐색과 플롯의 유기적 결합과 다성적인 측면을 확인한 바를 시청자 인식 양상의 확인 및 평가의 지표로 작동시켰으나, 시청자의 수용 태도와 질문지 조사의 답변 내용에 있어 <도깨비>의 포스트모던한 일면을 확인할 만한 내용은 없었다. 이는 곧 수용자의 인식이 드라마의 심층적 이해에 도달하지 못함을 의미한다.

* 질문지 *

* 아래 질문에 <매우 그렇다. 그렇다. 약간 그렇다. 아니다.(해당 부분에 ○한 후, 이유 제시)>와 같이 답하라.

1. 지은탁을 통해 '불우한 환경에 처한 여성이 현실에서 벗어나기 위해 돈 많은 남성을 만나고자 하는 기대감'을 볼 수 있다.
2. 김신은 900살이라는 나이 이전에 30대 중반의 남성으로 묘사되어 있다. 지은탁이 고3 수험생이라는 점을 감안할 때, 김신의 지은탁에 대한 감정은 윤리적으로 배척해야할 대상이다.
3. 궁핍한 소녀가 부유한 중년남자로부터 금전적 지원을 받길 요구하는 것은 이상하지 않다.
4. 도깨비와 2017년 고3의 현실 패턴은 동일하게 진행되고 있다. 2018년 새해가 되자 김신과 지은탁의 스킨십 장면이 빈번히 드러난다. 이는 고3학생들이 시험에서 해방되듯, 육체적 금기에서 해방되길 동경하는 결과를 초래할 수 있다.
5. TV 드라마에 상영된 비윤리적인 내용은 는 시청자의 가치관 형성에 부정적인 영향을 준다.
6. 시청자는 스스로 비윤리성을 인지하므로 질문 4의 내용은 과도하다.
7. 도깨비에 나오는 신데렐라 노래, 도깨비 빤츄, 맨인 블랙, 등의 부분은 패러디에 해당한다. 이 부분의 등장하는 필요성에 대해 의의를 쓰라. 재미를 위해서라고 한다면 왜 이런 대목이 등장하게 된 필연성에 대해 쓰라

참고문헌

1. 기본 자료

연출 이응복, 극본 김은숙, TV드라마 <쓸쓸하고 찬란하神-도깨비> 16부작,
tvN, 2016년 12월 2일~2017년 1월 21일 방영.

2. 국내 논저

강은해, 「도깨비의 정체」, 『한국학논집』 30집, 계명대학교 한국학연구소, 1-30쪽.
권유홍, 「TV 드라마가 관광목적지 이미지 형성에 미치는 영향」, 『관광학
　　　　연구』 28집, 한국관광학회, 2005, 335-356쪽.
김가희, 「근대속의 탈근대이야기」, 『인문학연구』 1집, 한국방송통신대
　　　　학교 통합인문학연구소, 2008, 213-244쪽.
김열규, 「도깨비와 귀신」, 『한국학논집』, 계명대학교 한국학연구소,
　　　　2003, 205-220쪽.
김용수, 『드라마 분석 방법론』, 서울: 집문당, 2015.
김욱동, 『포스트모더니즘의 이해』, 서울: 문학과지성사, 1990.
_____, 『포스트모더니즘』, 서울: 연세대학교 출판부, 2008.
_____, 『포스트모더니즘과 예술』, 서울: 청하, 1991.
박근서, 전규찬, 「텔레비전 속 패러디하는 즐거움과 한계」, 『한국언어
　　　　문화』 27권, 한국언어문화학회, 2005, 87-198쪽.
박노현, 「텔레비전 드라마와 환상(성)」, 『한국문학연구』 제47집, 동국대
　　　　학교 한국문학연구소, 2014, 507-534쪽.
박웅기, 「좋아하는 텔레비전 등장인물들의 특성에 대한 시청자들의 반응」,
　　　　『한국언론학보』 47, 한국언론학회, 2003, 7-19쪽.
박유희, 「한국 환상서사의 매체 통합적 장르 논의를 위한 서설」, 『한민족
　　　　문화학회』 51집, 한민족문화연구, 2015, 223-263쪽.
송효섭, 「도깨비는 어떻게 생겨나는가」, 『한국학논집』 30집, 계명대학교

한국학연구소, 2003, 75-110쪽.

안병국, 「잡귀 설화고」, 『동방학』 5권, 한서대학교 동양고전연구소, 1999, 263-283쪽.

안혜인, 「도깨비를 통해 본 인본주의적 양상 연구」, 경희대대학원 석사 논문, 2016, 1-165쪽.

원용진, 「한국의 문화연구 지형」, 『문화과학』 38호, 서울: 문화과학사, 2002, 138-153쪽.

윤병철, 『커뮤니케이션 사회학의 매듭』, 서울: 한울아카데미, 2014.

윤석진, 「디지털 시대, 한국 텔레비전드라마의 구성과 소통 방식 고찰」, 『비평문학』 53호, 2014, 119-153쪽.

윤정원, 「TV 드라마에 나타난 서사구조와 의미 분석연구」, 중앙대대학원, 2016, 1-90쪽.

이부영, 「'도깨비'의 심리학적측면과 상징성」, 『한국학논집』 제30집, 계명대학교 한국학연구소, 2003, 175-203쪽.

이상준, 『한국의 교양을 읽는다3: 문화편』, 서울: 휴머니스트, 2006.

이여진, 「TV 판타지드라마의 장르혼합 양상 연구」, 중앙대대학원, 2014.

이영미, 『문학사의 반전』, 서울: 한국문화사, 2007.

이정란, 「인기드라마 속 중심인물들의 특징과 청소년들의 자아정체성 형성과의 상관관계」, 성균관대학교 언론정보대학원, 2006.

이종승, 『미장센: 영화 창작 논리의 해부』, 서울:아모르문디, 2018.

정 일, 「20세기의 오이디푸스」, 『문학동네』 19호, 서울: 문학동네, 1999.

조은아, 「TV 드라마의 현실 수용 비판」, 원광대학교 대학원 석사논문, 2003, 1-80쪽.

진경아, 『매체미학과 영상이미지』, 서울: 커뮤니케이션북스, 2014.

천정환, 「새로운 문학연구와 글쓰기를 위한 시론」, 『민족문학사연구』, 민족문학사학회, 2004, 370-410쪽.

황국명, 「현대 서사론의 요소와 시각」, 『우리 소설론의 터무니』, 부산: 세종출판사, 2005, 397-424쪽.

3. 국외 논저

M. 엘리아데, 이동하 역, 『성과 속』, 서울: 학민사, 1983.

_____, 이동하 역, 『종교형태론』, 파주: 한길사, 1986.

_____, 정진홍 역,『종교와 신화』, 파주: 살림출판사, 2003.

S.채트먼, 한용환 역,『이야기와 담론』, 서울: 푸른사상, 2003.

가브리엘 와이만, 김용호 역,『매체의 현실 구성론』, 서울: 커뮤니케이션
　　북스, 2003.

로널드 B. 토비아스, 김석만 역,『인간의 마음을 사로잡는 스무 가지 플롯』,
　　서울: 풀빛, 2005.

버나드 F.딕, 김시무 역,『영화의 해부』, 서울: 시각과언어, 1996.

자크 데리다, 김재희 역,『에코그라피-텔레비전에 관하여-』, 서울: 민음사,
　　2002.

존 워커, 정진국 역,『대중 매체시대의 예술』, 서울: 열화당, 1993.

콜린 스파크스,「문화연구의 진보」, 존 스토리 편, 백선기 역,『문화
　　연구란 무엇인가』, 서울: 커뮤니케이션북스, 2000.

4. 웹사이트 자료

김유영, "도깨비 마지막회 20.5%⋯ 케이블 채널 역대 최고 시청률",
　　chosun.com, 2017.01.23 09:28,

http://kid.chosun.com/site/data/html_dir/2017/01/22/2017012201551.ht
　　ml(2018.10.19,03:16)

드라마 <도깨비> 공식 홈페이지의 시청자 게시판,
　　　http://program.tving.com/tvn/dokebi/4/Board/List?page=1

"롤리타신드롬", 두산백과,http://terms.naver.com/entry.nhn?docId=11856
　　　94&cid=40942&categoryId=31614(2017.05.15.10:50)

"이웃집찰스", KBS1, http://www.kbs.co.kr/section/Interstitial.html?pgid=
　　　(0217.06.13, 07:35)

오연옥 ——————————————————————————————————

인제대학교 대학원 국어국문학과 문학박사
2006년 〈실상문학〉 소설 등단
現) 부산대학교 인문학연구소 연구원
　　영산대학교 성심교양대학 외래교수
　　인제대학교 인문문화융합학부 외래교수
　　동주대학교 외래교수
저서 『식민지시기 소설과 매체수용』

현대문학과 미디어

초판인쇄　2020년 5월 14일
초판발행　2020년 5월 14일

지은이　오연옥
펴낸이　채종준
펴낸곳　한국학술정보㈜
주소　경기도 파주시 회동길 230(문발동)
전화　031) 908-3181(대표)
팩스　031) 908-3189
홈페이지　http://ebook.kstudy.com
전자우편　출판사업부　publish@kstudy.com
등록　제일산-115호(2000. 6. 19)

ISBN　978-89-268-9950-2 93710

이 책은 한국학술정보(주)와 저작자의 지적 재산으로서 무단 전재와 복제를 금합니다.
책에 대한 더 나은 생각, 끊임없는 고민, 독자를 생각하는 마음으로 보다 좋은 책을 만들어갑니다.